うちって相続税が
かかるのかしら

対話形式でわかる

みんなの
相続税
超入門

椎野年雅税理士事務所
代表税理士
椎野年雅

合同フォレスト

「うちって相続税がかかるのかしら？」

　筆者の事務所に相続税のご相談にいらした方の多くは、まずこう質問されます。しかし、お持ちの財産の総額がいくらになるかが分からなければ、この疑問に答えることはできません。

　自分がどれだけの財産を持っているのかを考える際、現金や預貯金については比較的容易に答えが出るでしょう。たいていの方は、預貯金の大体の残高を把握されていますし、もしすぐに分からないとしても預金通帳を見れば一目瞭然です。

　次に、現金および預貯金以外の財産にいったいいくらの価値があるのかが問題になります。一般的に相続財産の中で大きなウェイトを占めるのが不動産です。ご自宅の値段、不動産の賃貸経営をされている方の場合は賃貸物件の値段、農業をされている方の場合は農地の値段などがいくらになるのかを計算しなければいけません。

　「そんなの素人に分かるわけがないじゃないか!?」という声が聞こえてきそうです。それではこの疑問はどこにぶつければよいのでしょうか？　税務署でしょうか？

　税務署は一般的な質問には親切に答えてくれますが、個別の財産の評価まではしてくれません。「後は税理士さんに聞いて

ください」と言われて帰されるケースがほとんどだと思います。「なんて不親切な‼ じゃあ最初から税理士に依頼すればいいのか？」とお怒りの方もいらっしゃるかもしれません。

　たしかに税理士に依頼すれば、きちんと計算をしてくれます。しかし、それ相応の報酬は必ず発生します。試算の結果、相続税の心配が全くないことが判明したケースでも報酬は払わなければならないでしょう。とはいえ、税理士に相談に行くのを否定しているのではありません。むしろ相談に行くことをお勧めします。そこで、税理士に相談に行く前に、本書をご一読いただきたいのです。

　相続に関する問題は多岐にわたるため、相談先もさまざまです。代表的なところでは、遺産分割などで相続人同士が争っているような場合は弁護士さんに、相続登記をお願いする場合は司法書士さんに、相続に関する行政手続きは行政書士さんに、年金に関する相談は社会保険労務士さんに、といった具合です。この中で、税金に関すること、つまり相続税に関する相談は税理士が担当することになります。

　生々しい話になりますが、一般的に士業と言われる方（弁護士さんや社会保険労務士さんなど）との相談では、30分いくらといったかたちで相談料が決まっています。何を相談したいのかが明確ならば問題ないのですが、よく見受けられるのが「何が分からないのかが分からない」という状態です。この状態で相談に行くと、まずは家族の状況についての話に始まり、いつのまにか息子さんやお嫁さんの愚痴などに相当な時間を費やすこ

とになってしまいます。これでは相談料がかさんだ割に得るものがあまりないままで帰宅することになります。また、相談を受ける側も、世間話で相談時間が長くなることを望んではいません。

たとえば、ご自分が亡くなったときに相続税がかかるのかを試算してもらいたいという相談の場合、用意すべきものや伝えるべき話があらかじめ分かっていれば、初回は30分で事足りると思います。次回の面談日までに税理士が計算し、資料を作成しますので、そのときに具体的で有益な提案を受けることができます。もし何も用意せずに臨んだ場合、結局何も得られないまま、「なんだか疲れたので、相続についてはしばらく考えないことにしよう……」といったことにもなりかねません。

筆者が仕事で出会う高齢の方々は皆さん認識力がしっかりされています。私が、分かりやすく、ゆっくり、丁寧に説明することにより、一般的に難しいと思われている相続税の計算方法や不動産の評価の基本的な部分をきちんと理解されます。そうです、きちんとした説明を受け、基本的なことが分かれば、誰でも自分の財産やそれにかかる相続税の概算額を計算することができるのです。たしかに相続税の申告書を一般の方が書き上げるのは難しいかもしれません。しかし、相続税のおおまかな構造やさまざまな特例のアウトラインを理解するのは決して難しくありません。

本書では、筆者が日頃の業務でご年配の方々に語りかけている内容を余すところなく公開します。この本を読み終える頃には、所有されている財産の概算額が分かり、相続税がかかりそ

うな場合でも特例を使って課税を回避することができるかどうかも見えてくるでしょう。

　最後に、本書を読むにあたってお勧めしたいことが2点あります。まず、この本の内容をお子さんやお孫さんにお話ししていただくことです。少し面倒に感じるかもしれませんが、財産の内容を伝えるよい機会になります。普段の生活において相続の話を切り出すことは難しい面があると思いますが、「最近こんな本を読んだんだけれど、うちはこのケースに当てはまると思うのよ」といったように、話のきっかけとして本書を利用していただければ、比較的スムーズに話が切り出せるのではないかと思います。

　次に、本書に記載した資料を集めるときに、お子さんやお孫さんに協力してもらうことです。この本では、どういった資料が必要になるかを具体的に説明しますので、ご自分で取得されることも十分可能です。しかし、ここはあえてお子さんやお孫さんに頼ってみてください。タイミングは考慮しなければならないかもしれませんが、頼られて嫌な気分はしないものです。相続についての話ができるうえ、共同作業によりお子さんやお孫さんとの絆が深まり、一石二鳥です。

　本書が皆さまの相続を円満に実現するための一助となることを心より願っております。

税理士　　椎野年雅

本書の読み方

　本書は税理士事務所に相談に来た方（高齢の女性）と税理士の対話形式で構成しています。各章はケースごとに想定される課題や、行うべきことを詳細に説明しています。概要は下記のとおりです。ご自身に当てはまるケースから先に読んでいただくのもよい方法です。また、各所に皆さんに共通するであろう問題を含んでいますので、最初から読み進めてくださってもかまいません。

もくじ

第2章　**不動産収入がある方の相続税と**
　　　　配偶者の税額軽減

夫に不動産収入がある礼子さんの不安

第5章　遺産分割協議に問題がある場合の相続税申告とその後の対策

姉妹間の仲が悪く、遺産分割協議ができない一美さん

第6章　相続税の支払いに問題がある場合の
　　　　納付方法やその他の対策

相続税が払えなかった政子さんの場合

第7章　生前贈与に係る問題や
　　　　有効な生前贈与のための特例など

生前贈与に悩む友恵さん

※本書でご紹介する各種の税制やルール、特例などは本稿執筆時点（令和4年9月現在）で施行されている法令等に基づくものです。実際に手続きの申請や書類作成を行う場合は、国税庁のWebサイトなどで最新の情報をご確認ください。

相続が起きたら
準備すべき書類と
相続税計算の基本

まさか相続税がかかるとは
思っていなかった君江さん

① 相続の手続きでは やることがたくさんある

前年、ご主人の相続について相談に来られた君江さんから電話が入った。年末にご主人が亡くなられたとのこと。早速、君江さんのお宅に伺った。君江さん宅は街中の一等地にある。築年数がかなりたっているとはいえ、とても立派な住宅だ。相談には、実家を離れて暮らしている息子さんと娘さんも同席された。

相談者 君江さん（83歳）。夫が昨年末に亡くなった。市街地に自宅（築年数40年）を、地方に農耕地を所有。預貯金は3,000万円。主に年金で生活している。独立して地方に住む息子と娘がいる。

● 故人のすべての戸籍謄本を取得する

君　江　夫が急に亡くなり、ようやく少し落ち着いた今になって相続税について心配になりました。うちの場合、相続税はかかるのでしょうか。それから、どんな手続きをするべきなのか、何を用意すればよいのかを教えてください。

税理士　このたびはご愁傷さまでした。まず、相続税のお話に入る前にいくつか確認させてください。お通夜とご葬儀、埋葬まで終えられているということですので、市役所への**死亡届**の提出はお済みですね？

君　江　はい、葬儀社に手伝っていただき、提出いたしました。

葬儀社のアドバイスや、市役所で受け取った手続きの案内を参考にして、**国民健康保険の喪失手続きや国民年金の受給停止手続き**なども済ませました。

税理士 相続手続きを進めるに際して、ご主人の財産を相続できる方、つまり**相続人は誰か**を確認させてください。君江さん、息子さん、娘さんの3人でよろしいでしょうか？

君 江 はい。3人で間違いありません。

税理士 では、ご主人の**戸籍謄本**を**市区町村の戸籍係**で取得してください。ご主人の戸籍謄本は**生まれてから亡くなるまでのものすべて**が必要となります。生まれたときの親の戸籍、結婚したときの新しい戸籍、引っ越しなどにより本籍地を異動した場合もその戸籍が必要になり、漏れなく取得しなければなりません。お手数ですが、相続人を確認する際に必ず必要になりますので、早めの取得をお勧めします。

君 江 夫は九州の出身ですので、わが家から足を運べる範囲の役場だけでは戸籍がそろいませんよね。

税理士 大丈夫です。戸籍の取得は郵送でも対応してくれます。ご主人の本籍地がある市役所のホームページで発行申請書を入手し、それに発行手数料相当の郵便小為替を同封して郵送し、請求してください。通常は1週間程度で届きますが、手数料を間違うと何度かやりとりをすることになるのでご注意ください。

君 江 私や子どもたちの戸籍も必要になりますか？

税理士 はい、**相続する人全員の戸籍謄本**も必要になります。これは、亡くなった方の戸籍謄本とは異なり、現在の状況が記載されている戸籍謄本であれば問題ありません。

● 遺言書が見つかっても開封しない

税理士 ところで、ご主人は**遺言書**を作成されていませんでしたか？

君 江 いいえ。遺言書については夫から誰も聞いたことがありません。書斎などをくまなく探しましたが出てきませんでした。

税理士 遺言書には、主に、自分で書いて作った**自筆証書遺言**と、公証役場*¹で作成した**公正証書遺言**があります。ご家族の皆さんが遺言書について何も聞いていないこと、自宅を探されても出てこなかった点から考えると、遺言書はなかったと推測されますが、念のため、最寄りの公証役場でご確認ください。相続人が戸籍関係の書類を持って行けば、遺言書の有無と、遺言書が存在する場合はどこの公証役場で作成されたかを教えてくれます。

　公正証書遺言があった場合、作成した公証役場に行けば、公正証書遺言の謄本をもらうことができます。

君 江 分かりました。万が一ということもありますので確認してみます。

税理士 もしご自宅などで遺言書が発見された場合、**開封せずにそのままにしておいてください**。自筆証書遺言の場合、遺言者の最終の住所地を管轄する**家庭裁判所**で**検認**という手続きを

＊1 **公証役場**…法務省が管轄する役所で、全都道府県に置かれている。公証制度は、国民の私的な法律紛争を未然に防ぎ、私的法律関係の明確化や安定化を図ることを目的として、証書の作成などの方法によって一定の事項を公証人に証明させる制度。公証人は公証制度を担う公務員で、公証役場は公証人が執務する事務所。

経て、**検認済証明書**を発行してもらわなければなりません。

　ちなみに、検認の手続きを申請すると相続人全員に通知され、相続人全員が自筆証書遺言の存在を知ることになります。

君　江　遺言書があってもそんな手続きが必要なのですか。うっかり開封してしまいそうですね。

● 財産の内容を確認する

税理士　相続人が確認できましたので、財産の内容を確かめていきましょう。不動産についてはご自宅のほかに田舎に畑が少し、預貯金は 3,000 万円ほどと伺いました。生命保険は加入しておらず、株なども持っていないということでしたが、それで間違いないでしょうか。

君　江　財産についてはそのとおりです。夫は若いときから生命保険にも株にも全く興味がありませんでした。趣味といえば、週末に田舎の畑に行くことくらいで。

税理士　分かりました。それでは、以前市役所の**税務課（資産税課）**で取得していただいた**固定資産評価証明書**（固定資産課税台帳、いわゆる名寄帳や固定資産税・都市計画税納税通知書に添付されている**固定資産課税明細書**でも代用可）を使わせていただきます。**不動産の登記簿謄本や公図**[*2]は私が法務局で取得します。君江さんは各金融機関で預貯金の**残高証明書**[*3]を取得してください。

[*2]　**公図**…法務局の登記所が管理している図面。日本中の土地の形状、地番、道路、水路などを図で表した法的な図面。

[*3]　**残高証明書**…指定した日付時点の口座残高について、記載された金額で誤りがないことを金融機関が証明する書類。発行に際しては戸籍謄本（除籍謄本）や、実印・印鑑証明書などが必要。

君　江　はい。明日、銀行に行ってみます。

税理士　ちなみに、預貯金の残高証明書を取得する際、**定期預金**については**お亡くなりになる日までの利息の金額**、これを**経過利息**といいますが、この金額が記載された書類の発行を銀行に依頼してください。

君　江　やらなければならないことや注意点がたくさんあって、気が遠くなります。

税理士　人が一人亡くなるというのは大変なことで、遺されたご家族には想像以上に多くの負担がかかってきます。一人で抱え込まず不明な点はご相談ください。

まとめ　《相続で行う各種の手続き》
- 故人のすべての戸籍謄本を取得する
- 相続人の確定。相続する人全員の戸籍謄本も必要
- 遺言書を公証役場で確認
- 自筆証書遺言はすぐには開封しない（家庭裁判所で検認）
- 財産の内容を確認
- 固定資産評価証明書の取得や預貯金の残高証明書の発行など

② 相続税がかかる？　かからない？

● 基礎控除額はいくらに？

君　江　以前の義父の相続のときよりも相続税が増税になった
と聞きました。

税理士　お義父様がお亡くなりになった頃と違うのは、**基礎控
除額が引き下げられた**[*4]点です。税率が上がった部分もありま
すが、基礎控除額が従来の6割に引き下げられたため、相続税
を納めなければならない方が増えています。基礎控除額のお話
の前に、まずは相続財産にはどういったものがあるのかを説明
させてください。

解説 ………………………… **相続税の基礎知識①**

正味の遺産額の算出方法

　相続税の計算をするには、まず**プラスの財産**がいくらに
なるのかを計算しなければなりません。プラスの財産とは、
現預金、不動産、有価証券（株式など）、**生命保険金、退職
手当金**などです。

　プラスの財産の合計額が出たら、今度はそこから**マイナ**

[*4]　**基礎控除額が引き下げられた**…相続税は、遺産の総額が一定の基準を超えた場合
に納めるルールになっている。この基準（相続税がかからない金額の範囲）を相
続税の「基礎控除額」という。平成27年に相続税法が改正され、遺産に係る基
礎控除額の引き下げ／最高税率の引き上げ（取得金額2億円以上の税率引き上げ）
／未成年者控除・障害者控除の控除額引き上げ／小規模宅地等の特例における限
度面積と適用面積の拡大、の4項目が変更になった。

スの財産を引き算しなければなりません。マイナスの財産とは、**借入金や葬儀費用**などです。プラスの財産からマイナスの財産を引いて算出されるのが**正味の遺産額**になります。

　　プラスの財産－マイナスの財産＝正味の遺産額

　この**正味の遺産額が基礎控除額を超えると、相続税がかかる**ことになります。

　相続税がかかる場合、亡くなった日の翌日から**10カ月目の日**までに税務署に**相続税の申告書**を提出しなければなりません。たとえば、12月10日にお亡くなりになった場合、翌年の10月10日までに申告を済ませます。逆に、基礎控除額を超えなければ相続税はかかりませんし、税務署に申告する必要もありません。

　なお、ここでいう税務署とは、お亡くなりになった方の住所地を管轄する税務署です。相続する方、たとえば、息子さんや娘さんの住所地の税務署ではありませんのでご注意ください。

　　● **基礎控除額の計算方法**

君　江　夫のプラスの財産からマイナスの財産を差し引いた額が基礎控除額を超えていなければ、相続税の申告をしなくてもよいということですね。

税理士　そうなります。では基礎控除額についてご説明いたし

ます。以前は 5,000 万円＋ 1,000 万円×法定相続人の数で計算していましたが、**現在は 3,000 万円＋ 600 万円×法定相続人の数**で計算します。君江さんの場合、3,000 万円＋（600 万円×法定相続人 3 人）ですので、基礎控除額は 4,800 万円となります。

君　江　それではうちの場合は、主人名義の自宅と畑、そして預貯金の評価額を合計して、そこから葬儀費用を引いた額が 4,800 万円を超えていなければ相続税はかからないということでしょうか。

税理士　そうです。あらためて確認したいのですが、財産になるようなものはほかに思い当たりませんか？

● 直前に引き出した預金は相続財産になる？

君　江　実は一つ気になっていることがあります。主人の容体が悪化したとき、葬儀費用のことなどを考えると不安になり、**主人名義の銀行口座から 100 万円を引き出しました**。この 100 万円はどうなるのでしょうか。

税理士　ご主人が亡くなられた時点で**現金**としてお持ちだったとすると、その **100 万円は相続財産**になります。そのまま葬儀費用に充当した場合マイナスの財産として引き算できますので、結果的にはなかったことと同じになりますが、いったんはプラスの財産として加える必要があります。たまに、「おじいちゃんが危篤になったので、急いでおばあちゃんの口座にお金を移したのですが、それはおじいちゃんの相続財産にはなりませんよね？」と質問される方がいらっしゃいますが、そんなこ

とはありません。危篤状態でおばあちゃんに預金を贈与したと
は考えにくいですし、たとえそうだとしても、相続財産に加算
されることになっています。

● 課税されない４つの財産（非課税財産）

君　江　昨年の秋に不動産について評価額を試算していただき
ましたが、当家の墓地が試算内容に入っていなかったように思
います。墓地は財産にならないのですか？

税理士　相続税の計算上、プラスの財産になるものの中で非課
税財産という相続税がかからない財産があります。具体的には、
**①墓所・仏壇・祭具など、②国や地方公共団体、特定の公益法
人等に寄付した財産、③生命保険金の非課税限度額、④死亡退
職金の非課税限度額**などです。ですから、墓地は非課税財産と
いうことになり、相続税を計算する際、プラスの財産から除か
れます。

> **まとめ**　《基礎控除額と正味の遺産額》
> ● プラスの財産とマイナスの財産で正味の遺産額を算出
> ● 基礎控除額を計算する（現在は 3,000 万円＋ 600 万円×法
> 　定相続人の数で計算）
> ● 正味の遺産額が基礎控除額を超えれば相続税がかかる
> ● 直前に引き出した預金は相続財産になる
> ● 非課税財産の４分野（①墓所・仏壇・祭具など、②国や地方
> 　公共団体、特定の公益法人等に寄付した財産、③生命保険金の非
> 　課税限度額、④死亡退職金の非課税限度額）

③ わが家の値段はいくら？

● 市街地にある自宅の評価額

君　江　次に自宅の価格についてですが、うちは街中にあるので路線価で計算するのでしたよね。

税理士　そうです。土地の評価方法には大きく分けて**路線価方式**[*5]と**倍率方式**[*6]があります。大まかにいえば、**街中は路線価方式、田舎は倍率方式**で評価をします。こちらのお宅は市街地にありますので路線価方式で評価します。実際にどちらの評価方式となるかは路線価図で確認してみる必要があります。路線価図は税務署に行けば見せてもらえますが、国税庁のホームページに掲載されていますので、そちらのほうが便利です。インターネットのご利用がお得意でなければ、お子さんやお孫さんに協力を依頼してみてください。

君　江　分かりました。では、息子と一緒に操作してみますので、具体的な手順をお願いします。

税理士　まずは検索サイトで**国税庁**を検索してください。国税庁のトップページの真ん中より少し下の辺りに「関連サイト」

[*5]　**路線価方式**…路線価が定められている地域の評価方法。路線価とは、路線（道路）に面する標準的な宅地の1平方メートル当たりの価額のことで、千円単位で表示している。路線価方式における土地の価額は、路線価をその土地の形状等に応じた奥行価格補正率などの各種補正率で補正した後に、その土地の面積を乗じて計算する。（国税庁ホームページより）

[*6]　**倍率方式**…路線価が定められていない地域の評価方法。倍率方式における土地の価額は、その土地の固定資産税評価額（都税事務所、市区役所又は町村役場で確認）に一定の倍率を乗じて計算する。（国税庁ホームページより）

として「路線価図・評価倍率表」がありますので、こちらをクリックしてください。そうしますと、カラフルな日本地図が表示されます。ここで所在地の都道府県を選択します。そこで表示された「路線価図」をクリックし、後は調べたい土地の住所に従って進んでください（**図1**）。

君　江　うちの町内までたどり着きました。何枚か地図があるようですが、どれを選びましょうか？

税理士　同じ町内でも何枚か地図がある場合、とりあえずどれかをクリックしてみて、もし違えばその周辺を探ってみることになります。その際、画面左側の「接続図」の欄に「当図」を中心にして周辺の地図番号（路線価図番号）が記載されていますので、探すときは前の画面に戻らずに、ここで見当をつけたほうが効率的です。ご自宅ですので比較的すぐに発見できると思いますが、土地勘がない場所ですと、多少時間がかかることがあります。場所がよく分からない場合、住宅地図を用意して、見比べながら場所を特定してください。

君　江　わが家の場所を発見しました。

税理士　ここですね。ご自宅の土地の前の道路に「240E」と記載されています。これは㎡当たりの路線価が240,000円で、借地権割合が50％であることを示しています。ご自宅ですから借地権は関係ありませんのでここでは割愛します。また、特に何も印がないため、**普通住宅地区**ということになります。

君　江　うちの前の道路に路線価が記載されていたということは、路線価を使って評価額を出すのですね。

税理士　そのとおりです。具体的には**路線価**×**地積**（土地の面

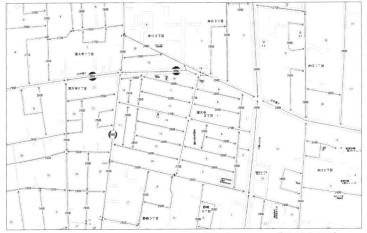

図1　国税庁の Web サイトに掲載されている「路線価図」

積）という算式で評価をします。ご自宅の土地の面積は 180㎡
でしたので、評価額は 240,000 円× 180㎡＝ 43,200,000 円
になります。きれいな形の土地ですので、特に補正はありませ
んが、通常は間口や奥行きに応じて補正する場合が多いです。
土地の形状がきれいでなかった場合などは、路線価を大幅に下
方修正することもありますが、今回は単純に路線価に地積をか
けた評価額になります。

● 田舎に所有している畑の評価額

君　江　夫が田舎に所有している畑はどのように評価します
か？

税理士　確認したところ、該当地区に路線価図がなかったこと
から倍率方式で評価をします。具体的には、**固定資産税評価額**

×評価倍率という算式で評価額を出します。固定資産税評価額は、**固定資産課税明細書**[*7]**の価格**（評価額）という欄に記載されている金額です。評価倍率は、評価倍率表に記載されています。先ほど路線価図の市区町村を選択した画面の左上部分にある『**この都道府県の評価倍率表を見る**』をクリックしていただき、該当地区を選びます。該当地区の畑の評価倍率は 2.9 倍なので、**固定資産税評価額 1,000,000 円**× **2.9 倍＝ 2,900,000 円**がご主人の畑の評価額になります。

● 自宅建物はいくらに？

税理士　最後に自宅建物ですが、**固定資産税評価額**そのものが評価額となります。**固定資産課税明細書の価格**（評価額）**欄**に 2,600,000 円と記載されていますので、建物の評価額は 2,600,000 円となります。

　長時間お付き合いいただきありがとうございました。本日はこれで失礼いたします。戸籍謄本や残高証明書がそろいましたらご連絡ください。

まとめ　《自宅や土地などの評価額》
- 土地の評価方法には大きく分けて路線価方式と倍率方式がある
- 国税庁の Web サイトで路線価を確認

[*7]　固定資産課税明細書…1 月 1 日時点で所有している土地や家屋の物件ごとの所在地・評価額・相当税額などを記載した書類。固定資産税・都市計画税の納税通知書とともに住民登録している市区町村から送られてくる。

- 路線価×地積（土地の面積）という算式で評価額を算出
- 固定資産税評価額×評価倍率という算式で評価額を算出
- 自宅建物は固定資産税評価額そのものが評価額（固定資産課税明細書の価格欄に記載されている）

④ 財産を引き継ぐ人は誰なのか

先妻や内縁の妻は相続人になるのか

君 江 お世話になっております。先日ご指示いただいた戸籍謄本と残高証明書が手に入りました。

税理士 早速、戸籍を拝見します。

ご主人は君江さんと結婚される前に一度結婚していたのですね。相続税の計算をする際、**法定相続人の数**は非常に重要です。先日お話しした**基礎控除額**に影響を及ぼすだけでなく、**相続税の総額を計算**する際にも必須の問題でして……。

君 江 そうなのです。先日は息子たちがいたものですから言い出しにくくて……。実は**夫には先妻がいます。先妻との間に子どもはなかった**のですが、先妻もこのたびの相続に関係してくるのでしょうか？

税理士 いいえ、先妻や内縁の妻には相続権がありません。しかし子がいた場合、その子には相続権があります。従来、認知された非嫡出子（婚姻関係のない男女の間に生まれた子）の相続分は嫡出子（婚姻関係のある男女の間に生まれた子）の2分の1とされてきましたが、平成25年12月5日に民法の一部が改正

され、**非嫡出子の相続分は嫡出子と同等**となりました。先妻との間に子がなかったとのことですので、今回の相続には影響がないことになります。

君　江　そうですか、安心しました。ちなみに、妻との間に子がいない場合は兄弟が相続するのですか？

税理士　直系尊属（父母等）がいなければ兄弟姉妹が相続することになりますね。民法に**相続人の範囲と相続人となる順位**が定められていますので、簡単に説明させてください。

解説 ………………………… **相続税の基礎知識②**

血族の優先順位と法定相続分

相続人の範囲と順位

　まず相続人の範囲は、血族（血縁関係のある人）と**配偶者**とされています。**配偶者は常に相続人**となります。これに対し、血族には相続人となる優先順位が決められています。しかも上位の順位者がいる場合には、下位の順位血族には相続権はありません。血族の**第１順位は子およびその代襲者**（子が死んでいる場合の孫）、**第２順位が直系尊属**（父母、祖父母）、**第３順位は兄弟姉妹およびその代襲者**（甥・姪）です。

民法で定められている各相続人の相続分（法定相続分）

　民法には相続人の範囲と相続人となる順位のほかに法定相続分についても定めがあります。前記のように配偶者は常に相続人であることから、配偶者とどの順位の相続人が

被相続人（亡くなった人）に配偶者と子どもがいる場合

法定相続人：配偶者、子

法定相続分：配偶者が2分の1、子が2分の1（子が2人
なら4分の1ずつ）

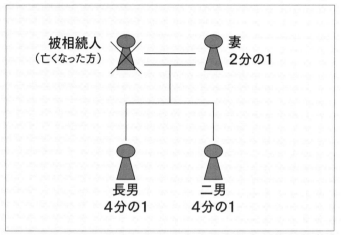

図2　配偶者と子どもが2人いる場合の例

組み合わされるかによって分類ができます。具体的には次
のようになります。

(1) 配偶者と子が相続人である場合（第1順位の相続人との組
　み合わせ）

　　法定相続分は、**配偶者が1／2、子が1／2**となり
　ます。子が複数人いる場合は1／2を均等に分割する
　ことになります（**図2**）。

(2) 配偶者と直系尊属が相続人である場合（第2順位の相続人
　との組み合わせ）

法定相続分は、**配偶者が２／３、直系尊属が１／３**
となります。実父母と養父母がいる場合１／３を人数
で均等に分割することになります。なお、父母がいる
場合、祖父母は相続人になりません。

(3) 配偶者と兄弟姉妹が相続人である場合（第３順位の相続人
　との組み合わせ）

　　法定相続分は、**配偶者が３／４、兄弟姉妹が１／４**
となります。兄弟姉妹が複数いる場合は１／４を均等
に分割することになります。

．．．

● 法定相続分はあくまでも遺産の分け方の目安

税理士　世の中には複雑な家族関係がありますので、これです
べてを説明できているわけではありませんが、基本はこの形に
なります。また、法定相続分は、後ほどお話しいたします相続
税の総額を計算する際に使いますが、**法定相続分のとおりに相
続しなければならないわけではありません**のでご注意ください。
相続する皆さん全員が納得[*8]すれば、どのように遺産を分ける
かは自由です。

君　江　よく分かりました。うちの場合の法定相続分は私が１
／２、息子と娘が１／４ずつですね。実際にどのように分割す
るかはよく話し合ってから決めます。

----

*8　**相続する皆さん全員が納得**…相続人全員による、遺産の分割方法についての遺産
　分割協議が成立すれば、遺言や法定相続分に従う必要はない。

> **まとめ** 《相続人と法定相続分》
> ●先妻や内縁の妻に子がいた場合、その子には相続権がある
> ●非嫡出子の相続分は嫡出子と同等
> ●相続人の範囲は、血族（血縁関係のある人）と配偶者
> ●配偶者は常に相続人。各相続人の相続分（法定相続分）は、配偶者とどの順位の相続人が組み合わされるかによって分類され、定められている

5 お葬式の費用は財産から引き算してくれる

戸籍以外の資料がそろったとの連絡が君江さんからあった。伺って確認すると、預金の残高証明書には**亡くなった時点**の残高が記載されており、定期預金には、亡くなる日までの経過利息も記載されていた。資料として申し分ないものだった。

● マイナスの財産となる葬儀関係の費用

税理士 今日はマイナスの財産についてお尋ねします。まず、ご葬儀の費用について確認させてください。**葬儀場の領収書**はありますか？

君 江 葬儀関係はこれらの書類です。どうぞご覧ください。

税理士 お通夜とご葬儀の費用、火葬にかかった費用の領収書はあるのですが、**お寺の住職さんに支払われた読経料**などはいくらか分かりますか。通常、僧侶からの領収書はありませんの

で、メモ書きなどがあれば見せてください。

君 江 このノートに香典とお寺さんに関することを金額を含めて書き留めてあります。お寺さんには通夜と葬式の費用を併せてお支払いしました。ちなみに、香典返しや初七日の法要にかかった費用は入らないのですか。

税理士 香典返戻費用、墓碑および墓地の買入費をはじめ、**初七日や四十九日の法要にかかった費用なども葬式費用に該当しません**。ですから、相続税を計算するうえでのマイナスの財産として計上できません。

君 江 分かりました。うちは違いましたが、最近では初七日の法要を葬儀のときに一緒にやってしまうことも多いようですが、その場合はどうなるのでしょうか？

税理士 原則として初七日の法要の費用はマイナスの財産になりませんが、たしかにご指摘のようなケースは多いですよね。領収書等で明確に分離できれば、初七日の法要に係る部分だけマイナスの財産から外しますが、通常一括で支払われますので分離は困難です。この場合、初七日に係る部分も含めて葬式費用としても差し支えありません。

🔘 葬儀費用以外のマイナスの財産

君 江 なるほど。それではわが家の場合は、今お渡ししたものがすべてです。葬式費用以外にもマイナスの財産になるようなものはあるのですか。

税理士 **お亡くなりになった時点において存在する債務で、確実と認められるものがマイナスの財産になります**。言い回し

が難しいですが、『ご主人が払わなければならなかったもので、払わずにお亡くなりになったもの』ということです。税金に関するものが代表的ですが、たとえば固定資産税などは1月1日現在の所有者に支払う義務がありますので、分割払いで一部納期が到来していない部分があると、その部分は相続人の方が払うことになりますのでマイナスの財産となります。そのほかに**住民税**（市町村民税または都税）も同様ですので、年の途中で亡くなられた場合は未払いの状態であるケースがあります。税金以外でも、**介護保険料や後期高齢者医療保険料**は亡くなられた月の前月分までの支払い義務がありますので、タイミングによってはマイナスの財産になることがあります。このほかにも、**未払いの医療費**などもマイナスの財産になります。

君　江　固定資産税については、納付書が届いた段階で全額を支払っています。また住民税は最終の納期のものまで払っていますので債務は残っていないと思います。未払いの医療費は少しありましたが、亡くなった日に全額支払いました。こういったもの以外に借金などはなかったので、マイナスの財産になりそうなものはほかにないと思います。マイナスではなくプラスの財産かもしれませんが、年金の未支給額が入金される場合、これは相続財産に入るのでしょうか？

税理士　**未支給年金については相続財産になりません。**ただし、支給を受けた**遺族の一時所得**になります。よって、**支給を受けた年の所得税の確定申告の時に記載を忘れないように注意して**ください。それでは、プラスの財産とマイナスの財産は以上でよろしいでしょうか。

君　江　はい。思いつく限り、これですべてだと思います。

 《マイナスの財産の例》

- 葬儀関係の費用はマイナスの財産になる。ただし、僧侶から領収書は通常発行されないので、ノートなどに記録しておくこと
- 香典返戻費用、墓碑および墓地の買入費、初七日や四十九日の法要にかかった費用などは葬儀費用に該当しないため、マイナスの財産にはならない
- 亡くなった時点で存在する債務で、確実と認められるものはマイナスの財産
- 固定資産税、住民税、介護保険料や後期高齢者医療保険料の未納分はマイナスの財産

---

6 相続税を計算してみよう

● 正味の遺産額が基礎控除額を超えているか

税理士　それでは、プラスの財産とマイナスの財産をまとめてみます。正味の遺産額が78,010,750円で、基礎控除額は3,000万円＋（600万円×法定相続人3人）＝4,800万円ですので、**正味の遺産額が基礎控除額を超えています**。よって、**相続税がかかる**ことになり、税務署への申告が必要です（差額が0またはマイナスの場合はかからない）。

君　江　やはり相続税はかかるのですね。どのくらいの税額に

なるか教えていただけますか。

税理士 基礎控除額を**超えた部分の金額 30,010,750 円**（＝78,010,750 円–48,000,000 円）が**課税遺産総額**となり、この金額を基に相続税を計算します。このように、相続税がかかる場合であっても、税務署は財産を評価したり、税額を計算してくれたりはしません。また、相続税がかかるかどうかの判定もしてくれません。税務署は相続人が自分で計算した結果をジャッジするだけです。とはいえ、相続人が最後まで申告書を作成するのは大変ですし、有利な特例などを見逃す可能性もあります。最終的には税理士にご相談ください。

解説 ・・・・・・・・・・・・・・・・・・・・・・・・・・・**相続税の基礎知識③**

総額を算出して各相続人に按分

①相続税の総額を算出

　課税遺産総額を法定相続分で按分（千円未満切り捨て）し、按分した金額に税率を掛けて出した額を合計して相続税の総額を計算します。課税遺産総額 30,010,750 円に君江さんの法定相続分１／２を掛けると、15,005,000 円になります。

　15,005,000 円は 1,000 万円超 3,000 万円以下の範囲に当てはまりますので（**38 ページの表1**）、15,005,000 円×15％ － 500,000 円＝ 1,750,750 円が算出されます。息子さんと娘さんについては、法定相続分１／４を掛けると 7,502,000 円となりますので、1,000 万円以下の範囲に当てはまります。したがって、単純に 10％を掛け算します。

法定相続分で分配した課税遺産総額	税率	控除額
1,000 万円以下	10%	—
1,000 万円超　3,000 万円以下	15%	50 万円
3,000 万円超　5,000 万円以下	20%	200 万円
5,000 万円超　1 億円以下	30%	700 万円
1 億円超　2 億円以下	40%	1,700 万円
2 億円超　3 億円以下	45%	2,700 万円
3 億円超　6 億円以下	50%	4,200 万円
6 億円超	55%	7,200 万円

相続税額＝
（法定相続分で分配した相続人ごとの課税遺産総額×税率）－控除額

表1　相続税の速算表

法定相続分 7,502,000 円（30,010,750 円×1／4）の 10％ですから、750,200 円となります。このように計算した 3 人分の金額を合計（百円未満切捨て）すると、相続税の総額 3,251,100 円が算出されます。

②相続税の総額を各相続人に按分

　こうして計算した相続税の総額に、実際に各相続人が相続する割合を掛けて各相続人の相続税額を算出します。

　相続税の総額×（相続人Aが相続する財産の額÷相続財産総額）＝相続人Aが払う相続税

　たとえば、息子さんが遺産分割協議の結果、実際に相続した財産が相続財産全体の 40％であったとすると、相続税の総額 3,251,100 円× 40％＝ 1,300,400 円（百円未満切捨て）となります。

● 遺産分割協議書を作ろう

税理士 ところで、遺産をどのように分けるかについての話し合いはされましたか？

君江 はい、確認したところ、遺言はありませんでした。子どもたちと話し合った結果、預金については、今後の生活資金や将来の入院費用などのために私が持っておいたほうがいいと言われましたので、そのようにすることにしました。不動産についてはまだ決めていません。

税理士 そうですか。では、相続税がどのくらいかかるかを念頭において、話し合ってください。話し合いの内容がまとまりましたら遺産分割協議書を作成しなければいけませんので、それについて説明いたします。

解説 ・・・・・・・・・・・・・・・・・・・・・・・・・・・・・**相続税の基礎知識④**

遺産分割協議書とは？

遺産分割協議書は後々争いが起きないようにすることを目的としており、作成するうえでいくつかのポイントがあります。まず、**「誰の相続か」**をはっきりさせなければいけません。具体的には、亡くなった方の氏名のほか、**本籍、最後の住所、生年月日、死亡年月日等**を記載することで「誰の相続か」を特定します。

次に「相続する人は誰か」を明示します。相続する人全員の氏名、本籍、住所、生年月日、亡くなった人との続柄

等を記載することで「相続する人は誰か」を特定します。

　最後に、相続財産をできるだけ詳細に記載します。**不動産は登記事項証明書**（いわゆる登記簿謄本＝法務局で取得する）**のとおりに記載**します。また、株式は銘柄や株数、預金は金融機関名、支店名、預金の種類、口座番号、口座名義といった情報を記載してください。

　なお、後日新たな遺産が見つかったときのために、「上記のとおり分割された遺産のほか、将来何らかの遺産が発見されたときは、当該遺産については、相続人〇〇が取得するものとする。」といった一文を入れておけば、再度協議をする手間が省けます。誰が取得するか決まらない場合は、「別途分割協議を行うこととする。」というように記載すればいいでしょう。遺産分割協議書ができましたら、各自が実印を押印し、**印鑑証明書**を添付することになります。

　以上の説明を聞くと、すべての遺産を一つの遺産分割協議書に記載することが前提であるかのように思えるかもしれませんが、たとえば、不動産を売却して納税資金を捻出しようとする場合などで、亡くなった人の名義のままでは売却ができないため不動産だけ先に名義を変更したいときなどには、**相続財産の一部だけ（たとえば不動産だけ）についての遺産分割協議書を作成する**こともできます。

・・・

税理士　それでは、息子さん、娘さんとよく話し合いをして遺産分割の内容を確定させてください。不動産については登記も

必要となりますので、ご相談いただければ司法書士を紹介いたします。

君　江　ありがとうございました。またご連絡いたしますので、よろしくお願いします。

まとめ　《相続税の算出と遺産分割協議書》
- ●正味の遺産額 − 基礎控除額＝課税遺産総額
- ●課税遺産総額を法定相続分で按分した金額に税率を掛けた額を合計して、相続税の総額を算出
- ●相続税の総額に各相続人が相続する割合を掛けて、各相続人の相続税額を算出
- ●相続人の話し合いを基に遺産分割協議書を作成する
- ●遺産分割協議書では、「誰の相続か」「相続する人は誰か」を明示し、相続財産をできるだけ詳細に記載する

不動産収入がある方の相続税と配偶者の税額軽減

夫に不動産収入がある礼子さんの不安

1 夫所有の賃貸物件の値段

今年も所得税の確定申告の時期がやってきた。毎年一番先に「確定申告のための資料がそろいました」と連絡をくださる礼子さんから電話が入った。いつもは資料を預かる際に少し世間話をする程度だが、今年は相談したいことがあるという。その日の午後にご自宅に伺ったところ、酸素吸入器をつけたご主人がいた。年末に入院し、年明けに退院されたという。ご主人はとてもしっかりした方で、**自筆証書遺言**を用意され、衰弱した体にもかかわらず、気がかりなことを一つひとつ解決するべく奔走されているという。その一つとして、ご自分が亡くなったときの相続税について教えてほしいとのことだった。会話がつらそうだったので、お休みになるようお願いし、後は礼子さんとお話をさせてもらうことにした。

相談者 礼子さん（85歳）。ご主人と同居の息子との3人暮らし。また、近くに住む娘が1人いる。持ち家（市街地／築年数30年）のほか、賃貸アパート（市街地）を所有。預貯金7,000万円。

🔵 表と裏が道路に接しているアパートの土地はいくらに？

礼　子　うちが所有するアパートは表側からも裏側からも道路に出られるので評価額が高くなる、とご近所の奥さまに以前聞いたのですが、本当でしょうか。

税理士　はい。ご主人の賃貸アパートは表側も裏側も道路（正面路線と裏面路線）に接していますので、土地の評価額は高くなります。便利ではありますが、その分価値が高いということです。具体的にはこのように計算します。

解説 ················· **所有するアパートの土地評価額①**

二方路線影響加算率

表側の広い道路の路線価が **250,000 円**ですので、表側しか道路に接していなかったら、250,000 円に地積の **165㎡**を掛け算して 41,250,000 円が評価額になります。

しかし、実際には裏側も道路に接していますので、**プラスアルファの部分**が出てくることになります。この部分は、**裏側の路線価 200,000 円に二方路線影響加算率である 0.02 を掛け算**して計算します。200,000 円に 0.02 を掛けるので 4,000 円になります。

ちなみに、賃貸アパートがある地区は普通住宅地区なので 0.02 を掛け算しましたが、ほかの地区の場合は掛け合わせる率が異なります。

二方路線影響加算率というと言葉が難しいですが、**「裏も表も道路に面していて利便性が高いので、それだけ上乗せしますよ」**という率になります。表側の路線価にこの 4,000 円を加えた額に地積を掛けて評価額を算出します。

【アパートの土地評価額】

（表側の路線価 250,000 円＋プラスアルファの部分 4,000
円）×地積 165㎡＝評価額 41,910,000 円

....

● アパートの敷地は評価額が下がる？

礼 子 アパートの敷地（土地）は評価額が下がると聞いたことがあるのですが、本当ですか？

税理士 アパートなど、人に賃貸している場合、ほかの用途、たとえば取り壊して自宅を建設したいと思ったとしても、入居者がいる限りすぐにはできませんよね。このように、**入居している人の権利があるため、所有者の思いどおりにできないので、その分だけ評価額が下がる**ことになります。具体的にどれくらい評価額が下がるかというと、このような感じになります。

解説 ················ **所有するアパートの土地評価額②**

借地権、借家権、賃貸の各割合

　自宅が建っている土地だった場合を 100％とすると、**借地権割合 60％×借家権割合 30％×賃貸割合 100％＝ 18％**ほど評価額が下がります。借地権割合とか借家権割合というと言葉が難しいですが、要するに借りている人の権利がどれくらいになるのかということです。**これらの割合は地区によって決められています。** ご主人のアパートの路線価は 250D となっていました。この D の部分が借地権割

合になります。借地権割合は A（90％）から G（30％）まで定められていて、**D は 60％**になります。

　次に**借家権割合**ですが、**全国的に 30％**だと思って差し支えありません。賃貸割合は 100％で計算しましたが、ご主人のアパートは現在**満室なので賃貸割合 100％**としました。もし空室があればこの割合が下がります。たとえば、4 室あるうちの 1 室が空室だった場合、アパート全体のうちで貸し出している割合は 75％になります。この場合、結果的に満室の場合ほどは土地の評価額が下がらないことになります。では、具体的に当てはめてみましょう。

【アパートの敷地評価額】
41,910,000 円×（100％−借地権割合 60％×借家権割合 30％×賃貸割合 100％）＝ 34,366,200 円

●● **無償で貸している場合は評価額が下がらない**

礼　子　アパートの敷地はかなり評価額が下がるのがよく分かりました。もし、身内にタダで貸している場合はどうなるのですか。

税理士　アパートの一室を無償で貸しているということであれば、先ほどの賃貸割合がその部屋の分だけ下がります。ただし、一軒家を息子さんに無償で貸している場合などは、誰にも貸していない場合の通常の評価額と同等になるため、評価額は下がりません。ここでいう無償には、固定資産税分くらいのお金を

受け取っている場合も含まれます。

② 自宅の土地の評価額と特例の適用

● 角地にある自宅土地の評価額

礼　子　アパートの敷地の値段はよく分かりました。次に自宅の敷地の値段が知りたいのですが、いくらくらいになりますか。

税理士　礼子さんのご自宅は交差点に面していて、いわゆる角地にあります。角地は側面の道路にも面しているので、正面だけ道路に接している土地よりも評価額が高くなります。

解説 ･･････････････････････ 土地評価額の基礎知識①

交差点に面している自宅土地の値段

　礼子さんのご自宅の玄関側の路線価（25ページ参照）が430,000円ですので、角地でなかった場合、430,000円に**地積165㎡**を掛け算して70,950,000円が評価額となり

ますが、側面も道路に接していることで土地の価値が上がるため、**プラスアルファの部分が出てきます。**

　プラスアルファの部分は、ご自宅の**側面の道路の路線価 380,000 円に 0.03 を掛け算**して求めます。この割合は条件によって異なりますが、礼子さんのご自宅は普通住宅地区にありますので、加算する率は 0.03 となります。

【角地であることによる加算額】
側面の道路の路線価 380,000 円×側方路線影響加算率 0.03 = 11,400 円

　側面も道路に接していることで、1 ㎡当たり 11,400 円ほど価値が上がることになります。これを正面の路線価 430,000 円に足し、その金額に地積 165 ㎡を掛け算すると自宅の土地の評価額が算出されます。

【角地である自宅の土地評価額】
（正面の路線価 430,000 円＋角地であるためのプラスアルファ部分 11,400 円）×地積 165 ㎡＝自宅の土地評価額 72,831,000 円

....

●　**小規模宅地の特例を利用する**

税理士　礼子さんのご自宅の土地評価額は 72,831,000 円になります。

礼　子　こんなに狭いわが家の土地がそんなに高くなるのですか……。少しでも安くなる方法はありませんでしょうか。

税理士　**小規模宅地の特例**というものがあります。税務署に**相続税の申告をすることが前提**になりますが、ご自宅の土地に適用するとかなりの減額ができます。

解説 ………………………… **土地評価額の基礎知識②**

小規模宅地の特例

自宅の土地に小規模宅地の特例を使った場合の減額

　お亡くなりになった方が住んでいたご自宅の土地等（特定居住用宅地等）は、330㎡までを限度として**評価額の80％が減額**されます。礼子さんのご自宅の場合165㎡なので全部が減額の対象となります。先ほどの土地評価額72,831,000円×80％＝58,264,800円が減額されますので、これを引くと、相続税の計算をするときに財産として算入される金額は14,566,200円になります。

　ただし、ご自宅の土地を取得する人は、**お亡くなりになった方の配偶者かお亡くなりになった方と同居していた親族**でなければなりません。しかも、同居していた親族については、**引き続きその家に住み、相続税の申告期限（死亡の翌日から10カ月目の日）までその土地を所有**していなければなりません。なお、配偶者にはこのような制限はありません。また、同居していなかった親族の場合も一定の条件を満たせばこの特例が使えます。

自宅以外の小規模宅地の特例

　居住用以外にも、亡くなられた方が**自分の事業のために使っていた土地や貸付事業を行っていた土地にも適用があります**。亡くなられた方が自分の事業に使っていた土地（特定事業用宅地等）は、引き継いだ人が申告期限まで事業を継続して、**土地も所有していなければならない**という条件はありますが、**400㎡を限度に80%も減額**されます。

　また、亡くなられた方が貸付事業を行っていた土地（貸付事業用宅地等）も、引き継いだ方が申告期限まで**事業を継続し、土地も所有していなければならない**という条件はありますが、**200㎡を限度に50%減額**されます。

　特定事業用宅地等と貸付事業用宅地等に挟まれて分かりにくいのが特定同族会社事業用宅地等ですが、簡単にいうと、お亡くなりになった方が経営していた会社に貸し付けていた土地のことです。貸し付けていた土地であるにもかかわらず、400㎡を限度に80%も減額されます。細かい条件として、①お亡くなりになった方とその親族で会社の発行済株式総数の50%超を持っていなければならない、②引き継いだ方が申告期限においてその会社の役員でなければならない、③申告期限までその土地を所有していなければならない、④その会社は貸付事業以外の事業を行う会社でなければならない——といったものがあります。これらの条件に当てはまらなければ、通常の貸付事業用宅地等になってしまうのでご注意ください。

礼　子　なるほど。うちの場合は、私か、同居している息子が相続すれば、かなり評価額が安くなるということですね。素朴な疑問なのですが、うちのように居住用と貸付事業用の土地を所有している場合、先ほどの小規模宅地の特例はどのようになるのですか？

税理士　たとえば、貸付事業用宅地等がない場合、つまり特定居住用宅地等と特定事業用宅地等（特定同族会社事業用宅地等を含む）の組み合わせの場合、居住用が330㎡で事業用が400㎡ですから、合計で730㎡まで小規模宅地の特例が適用されます。

　これに対し、貸付事業用宅地等がある場合、事業用や居住用の限度面積を貸付事業用の限度面積（200㎡）に引き直して計算することになります。

解説　……………………　**土地評価額の基礎知識③**

居住用と貸付事業用の土地

居住用と貸付事業用の土地に小規模宅地の特例を使う場合

　礼子さんの場合、事業用宅地は所有していないので、自宅の土地165㎡×200／330＝100㎡にアパートの土地を足した面積が200㎡以下だったらいいということになります。アパートの土地の面積も165㎡ですので、100㎡＋165㎡で265㎡となり200㎡を超えてしまいます。よって、ご自宅の土地の全体に小規模宅地の特例を使うとすると、アパートの敷地の一部にしか小規模宅地の特例が適用され

ないということになります。具体的には、**ご自宅の土地に100㎡ほど特例を使っていますので、アパートの土地には100㎡までしか使えない**ことになります。

その結果、アパートの敷地（土地）の評価額 34,366,200 円×限度面積 100㎡／アパートの敷地（土地）面積 165㎡×減額割合 50％ ＝ 10,414,000 円ほど減額されますので、相続財産として算入されるアパートの敷地（土地）の評価額は 23,952,200 円となります。

まとめ 《側方路線影響加算率とアパートの敷地評価額》

● 角地にある土地の評価額では側方路線影響加算率が適用される

● 自宅の土地等（特定居住用宅地等）は、330㎡までを限度として評価額の 80％を減額できる（「小規模宅地の特例」、条件あり）

● 亡くなられた方が自分の事業のために使っていた土地（400㎡まで 80％減）や貸付事業（200㎡まで 50％減）を行っていた土地には特例が適用できる（条件あり）

● 亡くなられた方が経営していた会社に貸し付けていた土地には、400㎡を限度に評価額の 80％を減額できる（条件あり）

③ 長女の遺留分を放棄する

● 相続の放棄について

礼 子 今までお話ししていなかったのですが、実は私ども夫婦と娘の夫との関係があまりよくないのです。お金にまつわるささいなことがきっかけだったのですが、今では娘がわが家に来ることはあっても、娘の夫や家族がわが家を訪れることはありません。娘と私どもとの関係は良好ですので、夫を心配して毎日夕方には顔を出してくれています。

税理士 同居のご長男と、近くにお住まいの娘さんがいらっしゃるのは知っていましたが、そんな事情があったのですね。

礼 子 夫があのような状態ですし、もしものことがあったとき、配偶者にそそのかされて娘が変なことを言い出すのではないかと心配なのです。

税理士 娘さんはお父さんの相続についてどのような考えをもっていらっしゃるのですか。**娘さんのご主人は相続人ではない**ので、大切なのは娘さんご自身のお気持ちだと思います。

礼 子 娘は何も相続しなくていいと言っています。私たちは孫たちの進学などの都度、少しずつではありますが援助をしてきましたし、つい先日、住宅の購入に際しても援助をする約束をしました。本人もそれで納得しているようです。友人から、娘が相続を放棄する方法があると聞きましたが。

税理士 **相続の放棄は生前にはできません。**相続の放棄は、お亡くなりになった方の権利や義務を一切引き継がないことをい

いますが、相続の開始があったことを知ったときから**3カ月以内に家庭裁判所に申し出なければいけません**。あくまで事後的なものですので、相続対策として事前にすることはできないのです。

おそらく礼子さんがお聞きになった方法というのは**遺留分の放棄**のことではないでしょうか。礼子さんが心配されているのは、ご主人がせっかく遺言を残していても、娘さんが**遺留分侵害額請求**[*1]をして遺言どおりの相続ができないのではないかということだと思います。そこで、娘さんに遺留分を放棄してもらえば、遺言に沿った相続が実現することになります。まずは遺留分とは何かについて説明させてください。

解説 ‥‥‥‥‥‥‥‥‥‥‥‥‥**遺産相続の基礎知識**

遺留分の放棄と相続時精算課税制度

遺留分と遺留分侵害額請求

遺留分とは、**亡くなられた方の相続財産のうち、一定の割合を取得することが保証されている権利**です。この権利は兄弟姉妹以外の相続人に認められています。具体的には、

①配偶者または子が相続人にいるときは、亡くなられた方の財産の1／2

[*1]　**遺留分侵害額請求**…遺留分に相当する財産を受け取ることができなかった場合、遺留分権利者が、贈与または遺贈を受けた者に対し、遺留分を侵害されたとして、その侵害額に相当する金銭の支払いを請求すること（裁判所のホームページより）。被相続人（亡くなった方）が作成した遺言書に、特定の人物だけに遺産の全額もしくはその大半を譲るなどといった内容が記載されていた場合に、法で定められた範囲にいる相続人が自分の遺留分（保証された最低限の相続分）相当額の金銭の支払いを請求できる制度。

②父母のみが相続人のときは、亡くなられた方の財産の
1／3

という割合になります。

　実際には、ご主人の財産のうちの1／2が遺留分となりますので、万が一ご主人が他人にすべての財産を相続させるとの遺言を書いていたとしても、1／2相当額は遺留分侵害額請求をして取り戻すことができるということになります。**この遺留分は全体で1／2ですので、各相続人の遺留分はこれを法定相続分で分けることになります。**礼子さんは、遺留分全体1／2×法定相続分1／2で財産全体の1／4が遺留分となりますし、息子さんと娘さんについては、それぞれ遺留分全体1／2×法定相続分1／2×1／2で1／8ずつが遺留分になります。

　ご主人が遺言書を作成していても、もし娘さんの相続する財産が遺留分である相続財産の1／8を下回っていた場合、娘さんは遺留分侵害額請求をして1／8に達するまでの金銭の支払いを請求することが可能になりますから、結果的にご主人のご意向とは異なる結果になる可能性があります。

遺留分を放棄するにはどうすればいい?

　遺留分を放棄するためには家庭裁判所の許可が必要になります。当事者同士で決めた遺留分の放棄を認めると、親の権威や兄弟からの圧力などで相続人の自由意思を抑え込み、無理矢理に遺留分を放棄させる恐れがあるため、家庭

裁判所で審理し、許可を受けた場合に限り、遺留分の放棄を認めるという扱いになっています。

　家庭裁判所が遺留分の放棄を許可する基準は、**①放棄が本人の自由意思に基づくものであること、②放棄の理由に合理性と必要性があること**（たとえば建物や土地の細分化防止などの理由）、**③放棄と引き換えに何かしらの財産をもらうなどの代償性があること**です。

　遺留分の代償として贈与をする場合、すでに履行されているか、放棄の引き換えとして同時に履行するかである必要があります。後から贈与しますということだと、代償性の部分に問題ありということで許可されない可能性があります。なお、家庭裁判所に提出する**家事審判申立書**は家庭裁判所のホームページで入手できます。記載例等もありますので参考にしてみてください。

「遺留分の放棄＋相続時精算課税制度」という手法

　住宅の取得を援助されるということで、前述した代償性という問題はクリアできると思うのですが、このままでは**贈与税が課税**されてしまいます。**その年に贈与された金額が110万円以下であれば贈与税はかかりません**が、住宅の取得ということになると大きな金額になりますから、贈与税は確実にかかってきます。

　贈与税を払うのも一つの方法かもしれませんが、そこまでして遺留分を放棄するのもどうかと思われる場合、**相続時精算課税制度**（184ページ参照）を利用する方法があり

ます。相続時精算課税には特別控除額というものがあり、**2,500万円までは贈与税がかかりません。**また、その贈与が住宅取得等資金であった場合、令和5年12月末までは500万円（省エネ等住宅の場合は1,000万円）＊2まで非課税となりますので、合計で3,000万円（省エネ等住宅の場合は3,500万円）までは無税で贈与ができることになります。

このように相続時精算課税制度を使えば贈与税を課税されずに遺留分の放棄ができる可能性があります。ただし、気をつけていだたきたい点もあります。まず、相続時精算課税は、その名前のとおり**「相続が起きたときに精算するから今は贈与税を払わなくていいですよ」という制度ですから、実際に相続が発生すると、すでに贈与したはずの住宅取得資金**（非課税金額部分は除く）**が相続財産にカウントされます。**もし相続税がかかるケースであれば、遺留分を放棄して何も相続しないのに、相続税を払わなければならない事態になります。

また、**いったん相続時精算課税制度を選択すると、通常の贈与税の計算（暦年課税）には戻れません。**110万円の基礎控除額は関係がなくなり、適用初年度から通算して相続時精算課税の特別控除額2,500万円を超えた場合、贈与税がかかるという形になります。

今回は遺留分の放棄をするという前提から選択の余地が

＊2　非課税金額が令和5年中で500万円（省エネ等住宅の場合1,000万円）…「住宅取得等資金の贈与を受けた場合の贈与税の非課税」制度による。なお、住宅取得資金贈与の非課税制度も相続時精算課税制度も、申告等一定の手続きをすることで適用可能となる。

ありませんでしたが、相続時精算課税制度を使うかどうか
は慎重に考える必要があります。土地の価格は下落する可
能性もあることや、建物の価格は確実に下落していくこと
から、親が建ててくれた家に住んで、それを相続するほう
が税金の面では得する場合もあり得ます。

> **まとめ** 《相続の放棄と相続時精算課税制度》
> - 相続の放棄は生前にはできない
> - 「遺留分」は、亡くなった方の相続財産のうち、一定の
>   割合を取得することが保証されている権利
> - 遺留分を放棄するためには家庭裁判所の許可が必要
> - 相続時精算課税を選択した場合、特別控除額があるため、
>   2,500万円までは贈与税がかからない

④ 亡くなる前3年以内に 贈与された財産

● 生前贈与加算とは

礼 子 昨年末に親しい友人が亡くなりまして、その娘さんと
お話ししたときに、税理士さんから「過去3年分の通帳を見せ
てください」と言われたということを聞きました。これはどう
いう意味でしょうか?

税理士 それは**生前贈与加算**について確認をするためだと思い

ます。相続等により財産を取得した人が、**亡くなられた方から亡くなる前3年以内に贈与を受けている場合、その贈与を受けた財産を相続財産に加えて相続税を計算する**ことになっています。

礼 子 でも、贈与を受けたときに税金を払っていたら、もう一度払うことになりますよね。

税理士 いいえ、**もし贈与を受けた年の確定申告で贈与税を払っていた場合、その税額は相続税から差し引いて精算**されます。二重に税金を払わされるということはありませんので、ご安心ください。ただし、たとえ贈与税を払わなくてもよい程度の金額だったとしても、亡くなる前3年以内の贈与であれば生前贈与加算があります。贈与税を払ったか払ってないかということは生前贈与加算には関係がありません。贈与税の申告が必要なかったから相続財産に加算しなくてもよいことにはなりませんので、ご注意ください。

● 相続時精算課税制度と生前贈与加算との関係は？

礼 子 先ほど教えていただいた相続時精算課税は、贈与したときには税金を払わずに、相続のときに精算するというものでしたよね。生前贈与加算とはどういう関係になるのですか？

税理士 鋭いご質問ですね。**相続時精算課税制度を利用して、亡くなられた方から生前贈与を受けていた場合は、たとえ亡くなられた時点から3年以上前の贈与であっても相続財産に加えて相続税を計算する**ことになっています。

礼 子 なるほど。通常の手続きであれば、亡くなる3年前ま

での贈与財産を相続時に加算すればよいのに対して、相続時精
算課税をいったん選択すると、選択後の贈与については何年前
の贈与であっても相続時に相続財産として加算しなくてはなら
ないのですね……。

税理士 そういうことになります。ただし、相続時に加算しな
くてもよい贈与もあります。ご説明しましょう。

解説 ‥‥‥‥‥‥‥‥‥‥‥‥‥‥‥ **生前贈与の基礎知識**

相続財産に加えなくてよい生前贈与

生前贈与加算の例外

　亡くなる前3年以内の生前贈与であっても、次に当ては
まるものは相続財産に加えなくてもよいことになっていま
す。

①父母や祖父母等から住宅取得等資金の贈与を受けた場
　合の非課税規定適用部分

　先ほども少し触れましたが、住宅の取得にあたって父母
や祖父母から資金的な援助を受けた場合、一定の要件を満
たせば、援助を受けた金額のうちの一定額（令和5年中で
500万円、省エネ等住宅の場合は1,000万円）については贈与
税が非課税となります。この非課税額は相続財産に加算し
なくてもよいことになっています。

②贈与税の配偶者控除の規定を利用して、居住用不動産
　等の贈与を受けた場合のその控除部分

　婚姻期間が20年以上の長く連れ添った夫婦の間で、マ

イホームやその購入資金を贈与した場合には、贈与税の基礎控除額 110 万円のほかに、最高 2,000 万円までが贈与財産の価額から控除されます。この控除額は相続財産に加えなくてもよいことになっています。

③父母や祖父母等から教育資金の一括贈与を受けた場合の非課税規定適用部分

もとより父母等（扶養義務者）から生活費や教育費に充てるために行われた贈与は、極端な例を除いて非課税とされていますが、これに加えて、令和 5 年 3 月 31 日までの間で一定の手続きのもと金融機関経由で贈与をしたものは、1,500 万円までは非課税とする制度があります。贈与者の死亡日において受贈者が 23 歳未満である場合、学校等に在学している場合等に限定されますが、この非課税金額は相続財産に加算しなくてもよい扱いになっています。

このような特例を利用して生前贈与をすれば、たとえその直後に贈与した人が亡くなったとしても、非課税部分や控除部分は相続財産に加算されないため、相続財産を減らして相続税を安くすることにとても効果的といえます。ただし、このような特例を使うためにはきちんと手続きをする必要があります。

● そもそも贈与税ってどんな税金？

礼　子　相続財産に加算された財産について支払った贈与税は相続税から差し引いてくれるというお話でしたが、そもそも別

の税金なのになぜ差し引いてくれるのでしょうか？

税理士　贈与税は相続税を補完する役割を担っており、このような扱いになっています。相続税と贈与税は密接に関わっているため、少し説明しましょう。

解説 ····································· **贈与税の基礎知識**

贈与税における基礎控除額

　誰かから何かをもらったからといってすべてに贈与税がかかるわけではありません。贈与税には基礎控除額というものがあり、一人の人が1月1日から12月31日の間に受け取った金額が**110万円以下ならば、贈与税はかかりません。**

　よく勘違いされるのですが、複数の人から贈与を受けた場合、それぞれの金額が110万円以下でも、自分の懐に入った合計額が110万円を超えたら贈与税がかかります。これが贈与税の基本的なスタイルで、**暦年課税**と呼ばれています。これに対して相続時精算課税制度は、わざわざ選択しなければ適用できないスタイルです。制度上は特別な制度に見える相続時精算課税制度ですが、相続税を補完するという贈与税の役割から考えると、こちらのほうを原則的な方法にすべきと主張する学者もいます。

- 亡くなる前3年以内に贈与を受けている場合、その財産を相続財産に加えて相続税を計算する
- 相続時精算課税制度を利用して、亡くなられた方から生前贈与を受けた場合は、亡くなられた時点から3年以上前の贈与であっても相続財産に加えて相続税を計算する
- 亡くなる前3年以内の生前贈与であっても、相続財産に加えなくてもよい例外がある

5 生命保険金には相続税がかからない？

● 生命保険金は相続財産になるの？

礼　子　夫は生命保険に加入しており、万が一のことがあった場合、遺族に生命保険金が支払われることになっています。この生命保険金は、相続財産として相続税がかかるのでしょうか？

税理士　はい。**生命保険金は相続税の課税財産**になります。民法上は本来の相続財産ではありませんが、実質的には相続によって取得したことと同じような経済的効果があることから、相続税法では課税財産としてカウントすることになっています。このような種類のものを**みなし相続財産**といい、生命保険金以外にも退職手当金などがあります。

礼　子　やはり相続財産になるのですね……。ちなみに夫が加入している保険は、かんぽ生命の簡易保険なのですが、これは

どうでしょうか？

税理士　通常の生命保険会社との間で結ばれた生命保険契約に基づく保険金は当然みなし相続財産となりますが、これ以外にも、**株式会社かんぽ生命保険の簡易保険契約に基づく保険金や、農業協同組合の生命共済契約に基づく生命共済金などもみなし相続財産となります**。ただし、健康保険、厚生年金保険などのいわゆる社会保険により支給される金品は含まれません。

礼　子　かんぽ生命も対象になるのですね。保険料は夫が負担していますが、もし私が一部を負担して払っていた場合は扱いが変わったりしますか？

税理士　みなし相続財産になるのは、**被相続人であるご主人が保険料を負担した部分**だけです。もし保険金受取人である礼子さんが負担した部分がある場合、受け取った保険金のうち**礼子さんが負担した部分は礼子さんの所得**（一時所得など）になり、相続税ではなく所得税の対象になります。また、**保険金受取人以外の家族等が負担していた部分がある場合、それに相当する部分は贈与を受けていたことになり**、贈与税を納めなければならない可能性があります。

礼　子　私が保険料を負担した部分がある場合、具体的にはどのくらいが相続財産になるのでしょうか。

税理士　たとえば、生命保険金が3,000万円で、払込保険料の総額が3,000万円、ご主人の保険料負担額が2,000万円であったとします。この場合、生命保険金3,000万円×ご主人の保険料負担額2,000万円／払込保険料の総額3,000万円という計算で、みなし相続財産となるのは2,000万円というこ

とになります。

礼　子　なるほど。受け取った保険金に、夫が負担した保険料の割合を掛け算するだけなのですね。ところで生命保険金以外にもみなし相続財産になるものがあるとのことでしたが、どのようなものがあるのでしょうか?

税理士　よく取り上げられるものとしては、いわゆる**死亡退職金があります。死亡後3年以内に支給が確定したものが対象で**す。また、生前退職によるもので、支給額が死亡後3年以内に確定したものもみなし相続財産になります。なお、死亡時において支給期が到来していない未払給与等は本来の相続財産となります。

● 生命保険金には相続税がかからない部分がある

礼　子　死亡保険金には非課税になる部分があると聞いたことがありますが、本当ですか?

税理士　はい、**死亡保険金は「500万円×法定相続人の数」までは非課税**になります。具体的な例で説明させてください。

解説 ⋯⋯⋯⋯⋯⋯⋯⋯⋯⋯⋯⋯**課税財産の基礎知識**

生命保険金の非課税限度額

【設例】法定相続人は3人で、それぞれ以下のとおりの保険金を受け取る。なお、長女は相続放棄をしている。

保険金受取人　　　　　（金額）

A　配偶者　　　　2,500万円

B　長　男　　　　2,500 万円
　C　長　女　　　　1,000 万円

　このケースで非課税となる金額は、500 万円×法定相続
人の数 3 人＝ 1,500 万円となります。非課税金額は全部
で 1,500 万円となるわけですが、A、B、C それぞれの
非課税金額はいくらになるでしょうか。

　非課税金額は、各相続人の保険金受取額で按分されるこ
とになります。具体的には、A の場合、非課税金額 1,500
万円× A の受取額 2,500 万円／（A の受取額 2,500 万円＋ B
の受取額 2,500 万円）という計算式により、750 万円が非課
税金額となります。

　「あれ？　C の受取額が分母にないよ。間違いじゃな
い？」と思われませんでしたか。実は、**C は相続を放棄し
ているので非課税規定の適用がありません**。非課税金額全
体を計算するときの「法定相続人の数」には C を入れて考
えますが、それを按分するときには C は除かれます。結果
的に、各人の課税価格に算入される死亡保険金の金額は以
下のようになります。

　A　受取額 2,500 万円－非課税金額 750 万円＝ 1,750
　　　万円
　B　受取額 2,500 万円－非課税金額 750 万円＝ 1,750
　　　万円
　C　受取額 1,000 万円－非課税金額 0 円＝ 1,000 万円
　なお、**死亡退職金の場合も死亡保険金と同様の非課税金**

額があり、計算方法は同様です。

....

● 生命保険契約に関する権利に要注意

税理士　死亡保険金ではなく、**生命保険契約に関する権利**を引き継ぐ場合があります。

たとえば、**契約者、被保険者および受取人が礼子さん、保険料の負担者がご主人という場合**があります。この場合、ご主人がお亡くなりになった際、ご主人が支払ってくれた保険料に相当する部分の権利を、契約者である礼子さんが取得したとみなされて、相続税の課税対象となります。このような**生命保険契約に関する権利については、非課税とされる部分はありません**ので、注意が必要です。

> **まとめ**　《生命保険金と相続税》
> - 生命保険金は相続税の課税財産になる
> - 株式会社かんぽ生命保険の簡易保険契約に基づく保険金、農業協同組合の生命共済契約に基づく生命共済金などもみなし相続財産となる
> - 死亡後3年以内に支給が確定した死亡退職金、生前退職によるもので支給額が死亡後3年以内に確定したものもみなし相続財産となる
> - 死亡保険金は「500万円×法定相続人の数」までは非課税

6 配偶者には1億6千万円まで相続税がかからない？

● 配偶者には相続税がかからない？

礼　子　配偶者には相続税がかからないと聞いたことがあるのですが、本当ですか？

税理士　正確にいうと、**配偶者が相続した財産は、「法定相続分」までは相続税がかからない**ことになっています。お子さんがいらっしゃるケースですと、相続財産の2分の1までは相続税がかからないことになります。それでは法定相続分を超えたら相続税がかかるかといえば必ずしもそうではありません。**相続した財産が1億6千万円までならば配偶者に相続税はかかりません**。相続税法に、配偶者が相続する財産については、**法定相続分と1億6千万円のいずれか大きいほうの金額までは相続税がかからない**という軽減規定があるからです。配偶者の法定相続分が1億6千万円を超える場合、金額の大きいほう、つまり法定相続分が相続税がかからない限度額になります。

　ちなみに、配偶者の法定相続分が1億6千万円を超えるケースが一般的にはまれであることから、近年では、配偶者は1億6千万円までは相続税がかからない、という情報だけが独り歩きしているようです。

● 配偶者の税額軽減を受けるための手続き

礼　子　配偶者の税額軽減を受けるためには具体的にどうすれ

ばいいのでしょうか。

税理士 配偶者の税額軽減の規定を用いるためには、必ず**相続税の申告をしなければなりません**。また、**相続税の申告期限までに遺産分割を決定している必要があります**。配偶者の税額軽減の規定は未分割財産には適用されませんので、もし遺産分割協議が難航し、相続税の申告期限までに遺産分割が決定しなかった場合、配偶者の税額軽減を受けることはできません。ただし、申告期限までに遺産分割ができなかった場合でも、一定の手続きを済ませておけば、申告期限から３年以内に遺産分割が行われた場合には、その時点で更正の請求、つまり申告のやり直しをすることにより、配偶者の税額軽減の適用を受けることができます。

礼　子 相続をする人同士の仲が悪くて話がまとまらなかったら、税額軽減の適用がすぐにはできないのですね……。

税理士 そうですね。相続する人同士の仲が悪いと何一ついいことがありません……。余談ですが、税額軽減の規定は、もし相続財産について仮装や隠ぺい行為を行っていた場合、その部分については適用されないことになっています。また、税額軽減の対象となるのは亡くなられた方の法律上の婚姻関係にある人ですので、いわゆる内縁関係になる方は対象外となります。

● 次の相続を見据えて配分しよう

礼　子 相続税額を抑えるためには、配偶者である私ができるだけ相続したほうがいいということですね。

税理士 ご主人の相続に関していえば、礼子さんができるだけ

多くの財産を相続したほうが相続税額は少なく済みます。**ただ****し、礼子さんが今回多額の財産を相続することになると、礼子****さんに万が一のことがあったとき、息子さんと娘さんには配偶****者の税額軽減規定のようなものはありませんから、相続税の負****担額が大きくなります。**息子さんたちの代の相続における相続税額も考慮して、総合的にみて相続税額が安くなるように考える必要があります。

礼　子　私が死んだときの相続のことも考えて、息子たちに迷惑をかけないようにしないといけないですね。

税理士　少しだけ具体的な例をお話ししますと、たとえば、ご自宅を礼子さんが相続するのはいいかもしれません。自宅は収益を生みませんから、そこから新たな財産が増えることはありません。また、建物は年数が経過するにつれて、評価額が確実に減少します。

礼　子　それはいいですね。自宅には思い入れもありますし、住むところがあるという安心感もあります。ほかにお勧めの方法があればお願いします。

税理士　相続のときに動かしておかないと、後から名義を変えようとした場合に大変なのは不動産です。不動産はどうしても金額が大きくなってしまうため、後から贈与するとなると贈与税が高額になります。登記にかかる登録免許税も、相続の場合は安く済みますが、贈与の場合はかなりの額になります。収益を生むアパートなどについては、息子さんに相続してもらい、礼子さんは比較的動かしやすい預貯金等を中心に相続するのが得策かもしれません。

礼　子　私は住むところさえあれば、後は何も必要ありません
から、不動産はできるだけ息子に相続させることを検討します。

税理士　礼子さんは健康でまだまだ長生きしていただけそうな
ので、生前贈与をうまく活用して対策していけば、次の相続に
かかる相続税はずいぶん抑えられると思います。

礼　子　またいろいろと教えてください。今日はありがとうご
ざいました。

まとめ　《配偶者の税額軽減規定》

- 相続税法には、配偶者が相続する財産については、法定
  相続分と１億６千万円のいずれか大きいほうの金額まで
  は相続税がかからない軽減規定がある

- 配偶者の税額軽減の規定を用いるためには、必ず相続税
  の申告をしなければならない。また、相続税の申告期限
  までに遺産分割を決定している必要がある

- 配偶者が多額の財産を相続すると、その配偶者が亡くな
  ったとき、子どもの相続税の負担額が大きくなる（子ど
  もには配偶者の税額軽減規定のようなものはない）

第3章

会社経営者の相続税と会社引き継ぎの諸問題

経営者の妻、美里さんの苦悩

1 会社の敷地の評価を下げる方法

美里さんのご主人は自動車販売の会社を経営しています。会社は創業40年を迎え、経営も安定しており、現在では息子さんが実質的に会社を取り仕切っています。周囲からもうらやましがられるほど順風満帆の会社ですが、美里さんには心配事があります。最近、ご主人が足を悪くして外出できなくなり、急に体力が低下してしまったのです。今のところは手術するほどではないのですが、「万が一のことがあったら……」という不安が頭から離れなくなり、相談に来られました。

相談者 美里さん（80歳）。夫と同居の息子との3人暮らし。夫は会社（自動車販売・修理会社）を経営。夫名義の土地を会社に貸している。会社の代表取締役は息子であり、実質的に会社運営を行う。節税のため、孫と養子縁組。

● 誰かに貸している土地の評価額は安くなる

美　里　夫の会社の社屋は夫名義の土地に建っており、会社から周辺の相場並みの地代をもらって貸しています。市内の利便性が高い場所にあるので、相続の際に敷地の評価額がかなり高くなるのでは、と不安です。

税理士　誰かに賃貸借している土地の評価額は、**貸宅地の評価額**となりますので、誰にも貸していない場合と比べるとかなり

安くなります。具体的には、その地域の**借地権割合**[*1]だけ安くなります。借地権割合は場所によって異なりますので、路線価図で確認する必要がありますが、仮に**借地権割合が50％の地域**ですと、1億円の土地が5,000万円の評価額になります。

さらに会社の敷地が安くなる特例

税理士 さらに、400㎡を上限として、**土地の評価額が80％も減額される特例**があります。これは、いわゆる小規模宅地の特例のうち、特定同族会社事業用宅地等[*2]に該当する場合です。この特例は、ご本人およびご家族が**会社の発行済株式総数の50％超**をお持ちの場合で、**相続する人が相続税の申告期限において、その会社の役員であり、申告期限まで引き続き会社の建っている土地等を所有していること**、といった条件をすべて満たしている場合に使うことができます。

美 里 うちの会社の場合には当てはまるのでしょうか。

税理士 美里さんの場合、ご主人が会社の発行済株式総数の60％を所有していて、息子さんが会社の代表取締役なので、

---

*1 **借地権割合**…建物を建てるために所有者（地主）から土地を借りる権利のことを借地権と呼び、土地を持つ所有権と区別される。この場合、借地として借りている土地には、借地権と土地の所有者である地主の所有権（底地）の、2つの権利が存在する。借地権割合とは、その土地の権利のうち、借地権が占める割合を示す数字。借地権は相続税や贈与税の課税対象となる。

*2 **特定同族会社事業用宅地等**…特定同族会社とは、相続開始直前の時点で、被相続人、その親族（配偶者／6親等内の血族／3親等内の姻族）および特別の関係がある者の持株の割合が50％を超える会社。特定同族会社が事業で利用していた土地を、被相続人の親族であるその法人の役員が相続または遺贈により取得した場合の相続税の申告期限において、その法人の役員である親族が相続開始時から申告期限まで引き続きその土地等を有するなど、一定の要件を満たした場合、相続税評価額が80％減額される制度。

本社の敷地を息子さんが相続する場合は、この特例を使うことができます。

美里　その特例を使った場合、具体的にどのくらい納税に影響があるのですか？

税理士　仮に5,000万円の土地で面積が400㎡以下の場合、**5,000万円の80%である4,000万円が減額**され、残りの1,000万円がこの土地の価格ということになります。相続税の計算の構造上、相続人が複数いる場合、単純に税率を掛けることは適当ではないかもしれませんが、分かりやすくするために、減額された4,000万円に税率30%を掛けますと、1,200万円ほど相続税が安くなったことになります。

解説 ······························ **相続税減額の基礎知識**

特定事業用宅地等

　美里さんのケースは特定同族会社事業用宅地等に該当します。これ以外にも、お亡くなりになった方が**個人事業に使っていた宅地等についても同様の特例があります**。これを**特定事業用宅地等**[*3]といいます。この特例を使うための条件は、①相続税の申告期限までに事業を引き継ぎ、かつ、その申告期限まで事業を営んでいること、②その事業用宅地等を申告期限まで所有していること、となります。この特例は、**お亡くなりになった方と生計が一緒だった親族が**

[*3]　**特定事業用宅地等**…特例の適用を受けると、個人の事業用資産における相続税の納税猶予および免除を受けることはできない。

76

営む事業に使われていた宅地等にも適用されます。その親族が相続税の申告期限まで事業を継続し、その申告期限までその事業用宅地等を所有していることが適用のための条件になります。

　ちなみに、**不動産貸付業、駐車場業、自転車駐車場業等は適用対象外です。また、その相続の開始前3年以内に新たに事業に使われ始めた宅地等に関しては前記の特例の適用はありません**[*4]のでご注意ください。

> **まとめ**　**《借地権割合と特定同族会社事業用宅地等》**
> ● 賃貸借している土地の評価額は貸宅地の評価額となり、貸していない場合と比べ、その地域の借地権割合だけ安くなる
> ● 400㎡を上限として、土地の評価額が80％も減額される特例「特定同族会社事業用宅地等」「特定事業用宅地等」がある

─────────────
*4　特例の適用はありません…3年以内に新たに事業に使われ始めた宅地であっても、一定の規模以上のものについては適用できる。

② 夫が経営する会社の株式の値段

● 取引相場のない株式の評価

美　里　夫の会社は、現在はそれなりに安定した経営状態で推移しています。実質的には長男が会社を運営していますので、夫が持っている株式を長男が相続することになると思います。相続の際、夫の会社の株式はどれくらいの値段がつくものなのでしょうか。夫の会社はいわゆる町の修理工場ですので、ほかの方に株式を買っていただけるような会社ではありません。

税理士　ご主人の会社の決算書の中に**貸借対照表**というものがあると思います。この表の中に**純資産の部**という項目があります。この**純資産の部**に記載されている金額を株数で割ってみてください。その値にご主人の**持ち株数を掛け算**していただくと、大ざっぱな株の値段が出てきます。これはかなりざっくりとした勘定ですので、正確に計算した場合はこの金額になりませんが、参考にはなると思います。

解説 ························ **株式評価方法の基礎知識**

原則的評価方式と配当還元方式

　株式の評価方法には、大きく、**上場株式の評価と取引相場のない株式の評価**の２つに分類されます。上場株式はいわゆる上場企業の株式で、新聞やインターネット等でその日の株価を知ることができます。これに対し、いわゆる中

小企業の株式は社長や社長の家族が株主であることが多く、日常的に株式の売買が行われることはありません。こういった株式を「取引相場のない株式」と呼びます。

　それでは中小企業の株価はどうやって計算するのでしょうか。計算に際しては大きく分けて、**原則的評価方式（類似業種比準価額方式および純資産価額方式）と配当還元方式**という2つの方法があります。難しい用語が出てきましたが、**大株主である社長が持っている株式を次期社長である子どもが相続するような場合は原則的評価方式、少しの株式しか所有しておらず会社の経営とは関係がない間柄での相続では配当還元方式**が使われることになります（80ページの表2）。

　原則的評価方式のうち純資産価額方式は、貸借対照表中の「純資産の部」の金額を基礎として計算する方法です。「純資産の部」は、以前は「資本の部」と呼ばれていました。利益を出し続けている会社の場合、この部分の金額が当初の出資額の何倍にも膨れ上がっていますから、ここを基礎として計算する株価も高額になってきます。**優良企業のオーナー社長から子どもへの相続の場合、相続財産としての自社の株式は高額になる**傾向があります。

　これに対し、配当還元方式での評価は純資産価額方式に比べて評価額が安くなる傾向があります。**中小企業の場合、配当をしていないか、あるいはしていたとしても少額であるケースが多いことから、配当還元方式での評価は安価になる**傾向があるのです。

区分	株主の態様				評価方式
同族株主のいる会社	同族株主	取得後の議決権割合が5％以上の株主			原則的評価方式
		取得後の議決権割合が5％未満の株主	中心的な同族株主がいない場合		
			中心的な同族株主がいる場合	中心的な同族株主	
				役員である株主又は役員となる株主	
				その他の株主	配当還元方式
	同族株主以外の株主				

表2　原則的評価方式と配当還元方式

……………………………………………………………………………

美　里　うちの会社は中小企業で、しかも夫の株を息子に引き継がせようと思っておりますので、評価額が高くなるのでしょうか？

税理士　ご主人の会社の発行済株式4万株のうち3万株をご主人自身がお持ちで、それを息子さんに引き継ぐわけですから、配当還元方式での評価はできず、原則的評価方式で評価します。評価の分類上、ご主人の会社は中会社になりますので、類似業種比準価額方式と純資産価額方式を併用します。細かい計算方法は割愛しますが、直近の状況から、類似業種比準価額は1,800円、純資産価額が2,697円となりましたので、1株当たりの価額は2,158円となります。株数が3万株ですので、ご主人がお持ちの株式の評価額は64,740,000円となります。

美　里　わぁ、想像以上の金額ですね……。

税理士　大切なのは円滑に事業を承継することですので、そのための方策を一緒に考えていきましょう。

> **まとめ** 《取引相場のない株式の評価》
> - 中小企業の株価の計算には、大きく分けて、原則的評価方式と配当還元方式という2つの方法がある
> - 大株主である社長が持っている株式を次期社長である子どもが相続するような場合は原則的評価方式
> - 少しの株式しか所有しておらず、会社の経営とは関係がない間柄での相続では配当還元方式

③ 節税対策のための養子縁組

● 節税対策の養子縁組

美　里　私たち夫婦には未成年者を含む5人の孫がいるのですが、全員を養子にしています。以前、相続税の節税対策として養子縁組しました。5人も養子がいると、かなりの節税効果がありますよね。

税理士　残念ながら、養子が5人いても1人しか節税には貢献できません。美里さんご夫婦のように**実子がいる場合、1人しか法定相続人にならないのです。実子がいない場合は2人分までは節税効果があります。**

基礎控除額の増加

　孫を養子にするメリットとしては、**基礎控除額が増加**するという点があります。基礎控除額が増加すれば相続税がかかる財産の額が減りますので、その分だけ節税効果があります。

　具体的には、孫を養子にすることで法定相続人の数が増えるため、**基礎控除額が600万円ほど増加**します。実子がいない場合、法定相続人に含まれる養子の数は2人が上限ですので、**最大で1,200万円ほど基礎控除額が増加**します。

　基礎控除額が増えること以外のメリットとしては、**生命保険金の非課税金額および退職手当金等の非課税金額が増える**ことが挙げられます。生命保険金を例にとると、**500万円×法定相続人の数までは非課税**となるため、養子縁組により法定相続人が増えると非課税金額が増加します。法定相続人に含まれる養子の数には制限がありますので、基礎控除額の計算の場合と同様に、**実子がいる場合は養子1人分500万円、実子がいない場合は養子2人分1,000万円までが非課税となる上限額**になります。

● 孫を養子にするデメリット

美　里　わが家の場合は、実子がいますから基礎控除額が600万円ほど増えるのですね。基礎控除が増えるのはよいことですが、逆にデメリットはないのですか。

税理士　孫養子の相続税額は通常の税額に２割ほど加算されますので、割高になってしまうというデメリットがあります。

|解説| ‥‥‥‥‥‥‥‥‥‥‥‥**節税対策の基礎知識②**

孫を養子にする場合の２割加算

　孫を養子にする場合、孫の相続税額が２割加算されます。亡くなられた方の１親等の血族および配偶者のいずれでもない人が相続する場合、その人の相続税額にその相続税額の20％に相当する金額が加算されるのがルールです（**84ページの図３**）。たとえば、兄弟姉妹が相続人になる場合は、相続税の２割加算の対象となります。孫養子は１親等の血族なのに２割加算されるのはおかしいじゃないか？　と思われるのではないでしょうか。

　孫養子の場合、通常の相続と比較して「一代飛ばし」で財産が移転することから、一度相続税の課税を回避する結果となります。これでは公平性の観点から問題があるということで、孫養子の場合は１親等の血族であっても、相続または遺贈により財産を取得した場合に２割加算の対象となることになっています。なお、孫養子であっても、子が

亡くなっているため、孫が相続人となる場合、つまり**孫が代襲者となっている場合は2割加算の対象外**です。

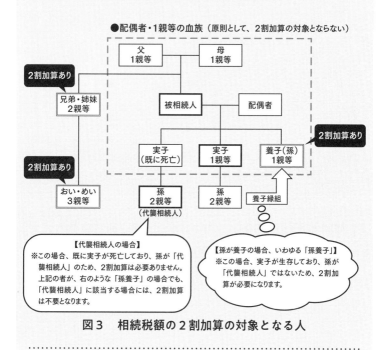

●配偶者・1親等の血族（原則として、2割加算の対象とならない）

```
                    ┌─────────┬─────────┐
                    │  父     │  母     │
                    │ 1親等   │ 1親等   │
                    └─────────┴─────────┘
  ┌──────────┐
  │ 2割加算あり │
  └──────────┘
┌──────────┐        ┌─────────┐   ┌─────────┐
│兄弟・姉妹  │        │ 被相続人 │───│ 配偶者  │
│ 2親等     │        └─────────┘   └─────────┘
└──────────┘
  ┌──────────┐                              ┌──────────┐
  │ 2割加算あり │                              │ 2割加算あり │
  └──────────┘                              └──────────┘
┌──────────┐   ┌─────────┐  ┌─────────┐  ┌─────────┐
│おい・めい  │   │ 実子     │  │ 実子    │  │養子（孫）│
│ 3親等     │   │（既に死亡）│  │ 1親等   │  │ 1親等   │
└──────────┘   └─────────┘  └─────────┘  └─────────┘
                ┌─────────┐  ┌─────────┐  ┌─────────┐
                │ 孫       │  │ 孫      │  │養子縁組  │
                │ 2親等    │  │ 2親等   │  └─────────┘
                │（代襲相続人）│ └─────────┘
                └─────────┘
```

【代襲相続人の場合】
※この場合、既に実子が死亡しており、孫が「代襲相続人」のため、2割加算は必要ありません。上記の者が、右のような「孫養子」の場合でも、「代襲相続人」に該当する場合には、2割加算は不要となります。

【孫が養子の場合、いわゆる「孫養子」】
※この場合、実子が生存しており、孫が「代襲相続人」ではないため、2割加算が必要になります。

図3　相続税額の2割加算の対象となる人

- -

まとめ　《節税対策の養子縁組のメリット、デメリット》

- 実子がいる場合、孫との養子縁組による節税効果は1人分しか見込めない
- 孫を養子にすることで法定相続人の数が増えるため、基礎控除額が600万円ほど増加する
- 孫を養子にする場合、孫の相続税額が2割加算される

4 未成年者控除と障害者控除

⬤ 相続人が未成年の場合

美　里　お伝えしたとおり、夫の相続人には未成年者がいます。この場合、相続税が安くなることはあるのでしょうか。

税理士　未成年である相続人が**満18歳になるまでの年数1年につき10万円で計算した金額だけ税額が安くなります**。年数の計算の際に1年未満の期間がある場合は切り上げて1年として計算します。

解説 ・・・・・・・・・・・・・・・・・・・・・・・・・・・・ **節税対策の基礎知識③**

未成年者の控除額の計算

　たとえば、相続の発生時点で未成年者の年齢が10歳5カ月だったとします。この未成年者が満18歳になるまでの期間は7年7カ月ですが、1年未満の期間があるときは切り上げて計算するので8年として計算します。よって、このケースでは10万円×8年で、80万円が未成年である相続人の相続税額から控除されます。

　なお、この控除額が未成年者本人の相続税額より大きいこともあり得ます。**控除額が全額引き切れない場合は、その未成年者の扶養義務者の相続税額から差し引きます**。

　ちなみに、未成年者控除を使うためには、相続等で財産を取得したときに18歳未満であることは当然ですが、未

成年者本人が法定相続人であることおよび、日本国内に住所があること、といった条件があります。

　少し余談になりますが、未成年者が相続人である場合の注意点として、**家庭裁判所に特別代理人を選任してもらわなければならない**ので、早めに手続きをする必要があります。たとえば、夫が死亡して妻と未成年者である息子が遺産分割協議をするような場合、妻が親権者として勝手に息子の相続財産を決めてしまうと息子にとって大変不利益な結果になりかねません。そこで特別代理人の選任が必要になってくるのですが、**家庭裁判所の手続きに時間がかかることから、相続税の申告期限ぎりぎりに申請すると申告期限に間に合わない**ことになります。

∙∙

● 相続人が障害者の場合

美　里　私には息子が３人いますが、二男は障害者手帳を交付されています。この場合も何か控除があるのでしょうか。

税理士　障害者である相続人が**満 85 歳になるまでの年数１年につき 10 万円で計算した金額だけ税額が安くなります**。もしご二男が**特別障害者**[*5] に該当すれば**１年につき 20 万円**となります。期間の計算については、未成年者控除と同様に**１年未満の期間がある場合は切り上げて１年として計算**します。

---

*5　**特別障害者**…身体もしくは精神に重度の障害がある、身体障害者手帳が１級または２級の障害者の方など。

解説 ·················· **節税対策の基礎知識④**

障害者の控除額の計算

　ご二男の年齢が 50 歳 7 カ月であったとします。満 85 歳になるまでの期間は 34 年 5 カ月ですが、切り上げ計算しますので 35 年として計算します。よって、10 万円× 35 年で 350 万円がご二男の相続税額から控除されます。

　なお、障害者控除額がその障害者本人の相続税額より大きいため、控除額の全額が引き切れないことがあり得ます。この場合、**引き切れない部分の金額をその障害者の扶養義務者の相続税額から差し引きます**。

　ちなみに、障害者控除を使うためには、障害者本人が法定相続人であることや日本国内に住所があること、という条件があります。

まとめ 　《未成年者と障害者の控除》

- 相続人が未成年者の場合、満 18 歳になるまでの年数 1 年につき 10 万円で計算した金額だけ税額が安くなる
- 未成年者が相続人である場合、家庭裁判所に特別代理人を選任してもらう必要があるため、早めに手続きをする
- 相続人が障害者である場合、満 85 歳になるまでの年数 1 年につき 10 万円で計算した金額だけ税額が安くなる

5 死亡退職金も 相続税の課税対象になる

● 死亡退職金には非課税になる範囲がある

美　里　夫が亡くなって会社から退職金が出た場合、それにも相続税がかかるのでしょうか。

税理士　死亡退職金は相続財産とみなされて相続税の課税対象になります。しかし、全額が対象になるわけではありません。500万円×法定相続人の数で計算した金額までは非課税となります。

解説‥‥‥‥‥‥‥‥‥‥‥‥‥‥‥‥**課税対象の基礎知識①**

法定相続人の人数で非課税額は変わる

　ここでいう法定相続人の数には養子も含まれますが、制限があります。美里さんのご主人の場合、孫養子が5人いますが、実子がいるため1人しか法定相続人の数に含まれません。また、相続の放棄をする人がいたとしても、放棄をした人も非課税金額全体を計算するうえでは法定相続人に含めます。美里さんの場合、ご自身と息子さん3人と養子1人が法定相続人になりますから、500万円×5人＝2,500万円までは死亡退職金に相続税はかかりません。ただし、この非課税金額は相続を放棄した人には按分されませんので注意してください。

●**弔慰金を受け取ったとき**

美　里　ほかの会社の役員さんから、弔慰金には税金はかからないと聞いたことがあるのですが、本当でしょうか。

税理士　通常、弔慰金や花輪代、葬祭料などは相続税の対象にはなりません。しかし、**退職手当金等に該当すると認められる部分は相続税の対象になる場合があります。**

解説 ‥‥‥‥‥‥‥‥‥‥‥‥‥‥**課税対象の基礎知識②**

弔意金は業務上の死亡かどうかで異なる

　会社から弔慰金などの名目で受け取った金銭のうち、どういった範囲が相続税の対象になるかという基準は、業務上の死亡かどうかにより異なります。**業務上（業務中または業務上の理由）の死亡の場合は死亡当時の普通給与の３年分を超えた部分、業務上の死亡でない場合は死亡当時の普通給与の半年分を超えた部分が相続税の対象になります。**

●**退職金の受け取りはいつがいいか？**

美　里　退職金について、生前に退職して受け取るのと、死亡時に受け取る場合とでは違いがあるのでしょうか？

税理士　退職金を受け取るタイミングについては、ご本人のライフプランや会社の状況等を総合的に考える必要があるので、一概にどちらがよいとはいえません。しかし、生前に退職金を

受け取ることには、いくつかのメリットがありますのでご説明
しましょう。

生前に退職金を受け取るメリット

　まず、**退職金は比較的税負担が少ない収入**であるという
メリットがあります。**退職金には所得税が課税**されます。
しかし、退職金の全額に課税されるわけではありません。
かなりの額の控除があるので、結果的に少ない税額に抑え
ることが可能です。

　具体的には、退職金の額から**退職所得控除額**というもの
を差し引くことになっています。退職所得控除額は勤続年
数に応じて計算することになっています。勤続年数が20
年以下の場合、**40万円×勤続年数が控除額**です。勤続年
数が20年超の場合、**800万円＋70万円×（勤続年数－
20年）**が控除額になります。

　**退職所得控除額を差し引いた後に残った金額がある場合、
その残額を2分の1にします。**2分の1にした後の金額が
退職所得の金額になります。これに各人に適用される所得
税率を掛けることで、退職所得にかかる所得税の金額が出
てきます。

　ご主人が会社を創業されて35年が経ちますので、仮に
今期退職して退職金を受け取ったとすると、勤続年数が
20年超ですから、退職所得控除額は800万円＋70万円

×（35年－20年）＝1,850万円になります。3,000万円の退職金を受け取ったとすると、（3,000万円－1,850万円）×1／2＝575万円が退職所得の金額になります。この金額を速算表（https://www.nta.go.jp/publication/pamph/koho/kurashi/html/02_3.htm の「令和4年分所得税の税額表」参照）に当てはめて計算すると、737,672円が所得税額になります。所得税額を差し引いた手取額をずっと手元に置いておけばいずれ相続財産にはなりますが、**比較的少ない税負担で早期に資金が手に入り、資金を有効活用**することができます。

　次に、**退職金を払うことによって株式の評価額が下がるので、株式の生前贈与等が容易になる**というメリットがあります。前節で、同族会社において息子等が株式を引き継ぐ場合の株式評価額は高くなりがちであるというお話をしました（78ページ参照）。退職金というまとまったお金を社外に放出することで、会社の価値すなわち株式の評価額が下がることになるのです。

　最後に、**会社の節税につながる**というメリットがあります。役員退職金は、その金額が過大でない限り会社の経費にすることができますから、結果的に会社の税金が減少します。このことは相続には直接関係ありませんが、会社の税負担が減少するうえに比較的少ない税負担で個人に資金が入るのですから、十分なメリットといえます。

- 死亡退職金は相続財産とみなされて相続税の課税対象になる

- 500万円 × 法定相続人の数で計算した金額までは非課税

- 弔慰金や花輪代、葬祭料などは相続税の対象にはならない

- 退職金は比較的税負担が少ない収入

- 退職所得控除額は勤続年数に応じて計算する

6　事業承継税制とは？

⬤ 相続税の納税猶予

美　里　「事業承継税制」という言葉を耳にしましたが、具体的にはどういう制度ですか。夫の会社にも使えるのでしょうか。

税理士　会社を誰に継がせるかといった、「事業承継」についての悩みを抱えている会社はたくさんあります。そこで、円滑な事業承継を支援するためにいろいろな制度が用意されています。その中の一つとして事業承継税制といわれる税制上の特例があり、総株式数の最大3分の2までを対象に、贈与税や相続税の納税が猶予されます。その概略を説明しましょう。

「事業承継税制」の概要

相続税の納税猶予

　事業承継税制は、通常であれば多額の税金がかかるところを、一部または全部を猶予してもらう制度です。具体的には、相続税の納税猶予があります。現経営者の相続または遺贈により、**後継者が取得した自社株式の80%分の相続税の納税が猶予**されます。

贈与税の納税猶予

　贈与税にも、相続税の場合と同様の特例制度があります。具体的には、現経営者からの贈与により、後継者が取得した自社株式に対応する**贈与税の納税が猶予**されます。なんと、自社株式に対応する**贈与税全額が猶予**されるのです。

納税猶予を受けるための条件

　これらの納税猶予を受けるための条件を列記します。

- **会社が普通の中小企業である**こと。上場会社は当然対象外ですし、風俗営業会社や資産管理会社など、特別な会社も対象外です。正確には、業種、資本金および従業員数といった細かな条件はありますが、通常の中小企業であれば該当するケースがほとんどだと思います。

- 現経営者が会社の代表者であったこと。また、相続開始の直前または贈与の直前において、**現経営者が会社の大株主であった**こと。具体的には、現経営者と現経営者の親族などで総議決権数の過半数を保有し、かつ後継者を除いたこれらの者の中で現経営者が最も多くの議決権数を保有していたことが求められます。贈与税の納税猶予の場合は、**贈与時に代表者を退任している**ことも条件です。

- 相続開始時または贈与時において、**後継者が大株主である**こと。具体的には、後継者と後継者の親族などで総議決権数の過半数を保有し、かつこれらの者の中で後継者が最も多くの議決権数を保有している必要があります。相続税の納税猶予の場合、**後継者が相続開始の直前において役員であり、相続開始の翌日から5カ月を経過する日に代表者である**ことが必要です。贈与税の納税猶予の場合、**後継者が贈与時に会社の代表者であり、20歳以上**（令和4年4月1日以降の贈与については「18歳以上」）**かつ贈与の時点において3年以上役員である**ことも求められます。

納税猶予のための手続き

　相続税や贈与税の納税猶予を受けるためには、**税務署への申告の前に、都道府県知事の「円滑化法の認定」を受けなければなりません。**この認定を受けた後、相続税または贈与税の申告書を税務署に提出することになりますので、

早めに都道府県知事の認定を受けることが必要になってきます。

納税猶予の継続

　納税猶予を継続するため、申告期限後５年間、**都道府県知事に年次報告書を提出（年１回）、税務署へ継続届出書を提出（年１回）**しなければなりません。５年経過後は、３年に１回、税務署へ継続届出書を提出することになります。

　このほか、雇用確保要件というものがあり、**雇用の８割以上を５年間平均で維持すること**が要求されています。以前は５年間にわたって継続して８割を維持することが要求されていました。一度でも８割を切ると、猶予されていた税額を全額納付しなければならないという厳しい制度でした。現在では、景気変動に配慮し、５年間平均で判定されることになっています。

一般措置と特例措置の違い

　事業承継税制には「一般措置」と「特例措置」があります（96ページの表３）。ここまで一般措置について説明してきましたが、特例措置には、**納税猶予の対象となる総株式数の制限（総株式の３分の２）の撤廃、相続税の納税猶予割合の引き上げ（80％から100％）、複数の株主から最大３人の後継者を設定できる、雇用確保要件を満たさない場合であっても、雇用確保要件を満たすことができない理由を記載した書類を都道府県知事に提出すれば納税猶予が継続す**

	特例措置	一般措置
事前の計画策定等	**5年以内の特例承継計画の提出** （平成30年4月1日から 令和6年3月31日まで）	不要
適用期限	**10年以内の贈与・相続等** （平成30年1月1日から 令和9年12月31日まで）	なし
対象株数	**全株式**	総株式数の最大3分の2まで
納税猶予割合	**100%**	贈与：100%　相続：80%
承継パターン	複数の株主から**最大3人**の後継者	複数の株主から1人の後継者
雇用確保要件	弾力化	承継後5年間 平均8割の雇用維持が必要
事業の継続が困難な事由が生じた場合の免除	あり	なし
相続時精算課税の適用	60歳以上の者から 18歳以上の者への贈与	60歳以上の者から18歳以上の推定 相続人（直系卑属）・孫への贈与

表3　事業承継税制における「特例措置」と「一般措置」

るなどの有利な点があります。その代わりに、**事前に特例承継計画を都道府県知事に提出（令和6年3月31日まで）し、令和9年12月31日までに贈与や相続が行われなければ**なりません。

その他の制度

　税制以外にも事業承継を円滑に行うための制度があります。相続に関するトラブルでよく出てくる言葉に「遺留分」というものがあります（55ページ参照）。現経営者が長男に自社株式すべてを相続させようとしても、二男などに遺留分を主張されると結果的に会社の株式がバラバラに分散してしまう可能性があります。これを避けるために、**「遺留分に関する民法の特例」**というものがあります。

　後継者を含めた推定相続人**全員が合意**することにより、**自社株式については遺留分の算定基礎に入れないこと**、ま

たは、**遺留分の計算基礎に入れる自社株式の価額をこの合意時の時価とする**ことができます。手続きとしては、合意後に、**経済産業大臣の確認**と**家庭裁判所の許可**が必要になります。

　このほかにも、事業の承継に伴って事業活動の継続に支障が生じている特定の中小企業者に対する**金融支援措置**があります。

まとめ　《事業承継税制の一般措置と特例措置》

● 「事業承継税制」では、総株式数の最大3分の2までを対象に（特例措置の場合は全株式が対象）、贈与税や相続税の納税が猶予される

● 事業承継税制を使えば、現経営者からの贈与または相続により、後継者が取得した自社株式に対応する贈与税または相続税の納税が猶予される

● 相続税や贈与税の納税猶予を受けるためには、税務署への申告の前に都道府県知事の「円滑化法の認定」を受けなければならない

● 事業承継税制の特例措置には、納税猶予の対象となる総株式数の制限（総株式の3分の2）の撤廃、相続税の納税猶予割合の引き上げ（80％から100％）、複数の株主から最大3人の後継者を設定できる、などがある

農地や山を
所有していた場合の
相続税

田畑を守りたい節子さんの憂鬱

① 市街地にある農地は高い!!

節子さんは、先祖代々受け継がれた土地で農業をしています。20年前に亡くなった夫と結婚した頃、周辺は田畑ばかりで住宅はほとんどありませんでした。しかし現在では住宅が立ち並び、節子さんの田畑が住宅地の中にポツンとあるような状況です。近隣の農家の葬儀に参列した際、「かなりの相続税がかかるかもしれない」という話を喪主から聞き、自分の家の場合はどうなるだろうという不安を抱きました。夫から相続したときには配偶者の税額軽減を使ったため相続税はかかりませんでしたが、自分が亡くなったときのことが心配になっています。

 相談者 節子さん（75歳）。自宅近くの土地で長年農業を続けている。夫は20年前に亡くなった。その際、すべての財産を相続。近年、所有する農地周辺の宅地化が急速に進んだ。農地の裏には山も所有する。家族は息子が2人。長男が農業を手伝う。

● 農地は安いと思っていたけれど……

節　子　夫が亡くなったとき、気が動転していたこともあって、あまり深く考えずにすべての財産を私が相続しました。すべての財産といっても、うちには自宅と田畑、後は少しばかりの預金と株式くらいしかありませんでした。財産としての価値がどうこうという問題ではなく、夫と苦労して続けてきた農業です

から、体が動くうちは自分が続けたいという気持ちが強かったのです。私にとってはかけがえのない田畑ですが、今どきあんな田畑を買ってくれる人はいないでしょうし、農地に大した価値はないと思います。実際に**固定資産税もかなり安くて**、面積が狭い自宅部分のほうが高いくらいです。私が亡くなったときに相続税がかかるほどの財産だとは思えないのですが、いかがでしょうか？

税理士 節子さんの田畑は住宅地の真ん中にあります。都市計画法上の**市街化区域内にある農地**ですので、いわゆる「**市街地農地**」に該当します。**市街地農地は評価額が高くなります**。市街地農地でない通常の農地であれば、固定資産税評価額に地域ごとに定められた評価倍率を掛けて価格を計算するので、評価額が高額になることはほとんどありません。しかし、**市街地農地の評価には、固定資産税評価額×評価倍率という計算式は使えません**。結果的に評価額が高額になってしまいます。

市街地農地の評価額はなぜ高くなるのか？

節　子 昔、この辺りは田畑ばかりでした。どうして今になって評価額が高くなるのか教えてください。

税理士 納得できないお気持ちはよく分かります。昔からこの土地で農業をされてきたわけですから、今になって税金が高くなると言われても困るでしょう。しかし、**相続税の計算は、亡くなった時点での現況が重視されます**。現状としては市街地農地ですので、市街地農地として評価するほかないのです。なぜ評価額が高くなるのかですが、周りを住宅に囲まれている状況

から考えていただくと理由が見えてきます。最近、相続が発生したご近所の農家の畑があった場所に一戸建ての住宅が新築されましたね。この地域は住宅が密集している地域ですので、もともと農地であった土地を宅地として造成する需要が見込まれます。つまり、**現状で農地であっても、土地としての価値は宅地並みである**ということになるのです。

● 市街地農地の評価方法

節　子　市街地農地の評価額は、どういう計算で算出するのですか？

税理士　宅地であるとした場合の価額から宅地造成費[*1]を差し引いて計算します。

解説 ………………………… **不動産物件の基礎知識①**

市街地農地の評価額を計算する

　市街地農地の評価額＝（宅地であるとした場合の１㎡当たりの価額－１㎡当たりの宅地造成費）×地積

　まず宅地であるとした場合の価格がいくらになるかですが、これには２通りの方法があります。一つは**路線価を基に計算する方法**です。節子さんの田畑が路線価（25ページを参照）が設定されている道路に面している場合、この方法で計算します。路線価は、税務署に聞けば教えてくれま

───────────────

＊1　**宅地造成費**…現在は宅地ではない土地（農地や林地、原野など）を宅地化する際に発生する費用（造成工事費）を算定したもの。

すし、国税庁のホームページなどでも確認することができます。

　もう一つは、**一番近くの宅地の固定資産税評価額（近傍宅地の固定資産税評価額）を基準に計算する方法**です。路線価が設定されていない地域の場合、こちらの方法になります。自宅と田畑が隣接している場合、自宅の固定資産税評価額を使えばいいと思います。毎年、固定資産税を支払う時期に、固定資産課税明細書が送られてきます。この明細書の「価格（評価額）」という欄に固定資産税評価額が記載されています。もし田畑の近くの宅地が他人の土地であった場合は手元に評価額を確認できる資料が存在しませんので、少し時間がかかるかもしれませんが、税務署かお住まいの地域の役場などに相談していただくと分かります。また、「全国地価マップ」というウェブサイトで固定資産税路線価を確認できますので、こちらを使うのもよいと思います。

　では、宅地であるとした場合の価額から差し引く宅地造成費についてですが、これは年度ごと地域ごとに定められています。具体的には国税庁のホームページから「関連サイト」→「路線価図・評価倍率表」と進み、知りたい地域（都道府県）を選択すれば、「その他土地関係」の一番上に**「宅地造成費の金額表」**があり、こちらから宅地造成費を確認することができます。

　たとえば、東京都の令和４年分の宅地造成費は、次のようになっています。

・地ならしなどのための**整地費が1㎡当たり800円**

・樹木の伐採などが必要な場合の**伐採・抜根費が1㎡当たり1,000円**

・湿田などの軟弱な地盤を安定させる必要がある場合の**地盤改良費が1㎡当たり1,600円**

といった具合です。

　分かりやすくするために、仮に路線価10万円の路線に面した100㎡の水田があったとします。この水田を宅地に造成するために整地および地盤改良が必要と判断された場合、（100,000円 − 800円 − 1,600円）× 100㎡ ＝ 9,760,000円がこの水田の評価額になります。

　もしこの水田が路線価のある道路に面しておらず、自宅と隣接していた場合、自宅の固定資産税評価額を地積で割って1㎡当たりの単価を出してみてください。たとえば、固定資産税評価額が900万円で地積が100㎡であったとすると、1㎡当たりの単価は9万円になります。一般的に、宅地の評価倍率は1.1倍のケースが多いことから、90,000円 × 1.1 ＝ 99,000円が、宅地であるとした場合の1㎡当たりの価額になります。前の例と同じ条件だとすると、（99,000円 − 800円 − 1,600円）× 100㎡ ＝ 9,660,000円がこの水田の評価額になります。

‥‥

節　子　宅地造成費を引いてもらえるといっても、ほとんど宅地と変わらないような値段になってしまうんですね……。

税理士 そうなのです。このように、市街地にある農地は評価額が高くなってしまうので、相続税に与える影響も大きくなります。

まとめ 《市街地農地の評価》

● 都市計画法上の市街化区域内にある農地は「市街地農地」に該当する

● もともと農地であった土地でも、宅地として造成する需要が見込まれる場合、土地としての価値は宅地並みになる

● 市街地農地の評価額は、宅地であるとした場合の価額から宅地造成費を差し引いて計算する

---

② 市街地にある山林にも注意が必要

● 住宅地にある「市街地山林」の評価額

節 子 そういえば私どもの畑の裏手に小高い山があります。現在は全く手入れしていませんので使い物になりませんが、以前から杉などを植えておりました。自宅を建て替えたり補修したりするときのために先祖代々管理してきましたが、近年は荒れ放題で実際に使えるような木はありません。この山には財産価値がないと思っています。実際に、固定資産税の金額は多くありません。

税理士 あの畑の裏手ということは、住宅地の真ん中に位置し

ていますね。確認してみなければ確定的なことは申し上げられませんが、市街化区域内に入っている可能性は高いです。とすると、「**市街地山林**」ということになり、通常の山林と比べると格段に高い評価額になります。

解説 ………………………… **不動産物件の基礎知識②**

市街地山林の評価額を計算する

通常の山林の評価

郊外や地方にある一般的な農地や山林の場合、固定資産税評価額に評価倍率を掛けて評価額を算定します。たとえば、固定資産税評価額が 10 万円で、評価倍率が 50 倍だとすると、評価額は 100,000 円× 50 ＝ 5,000,000 円になります。固定資産税評価額は、市区町村から送られてくる固定資産課税明細書の価格（評価額）欄に記載されています。評価倍率については、国税庁のホームページ等に各地域の評価倍率表が掲載されています。また、最寄りの税務署でも教えてもらえます。

市街地山林の評価方法

市街地山林の評価額は、**宅地であるとした場合の価額から宅地造成費を差し引いて計算します。**

市街地山林の評価額＝（宅地であるとした場合の 1 ㎡当たりの価額－ 1 ㎡当たりの宅地造成費）×地積

宅地であるとした場合の価格の求め方は、市街地農地の

場合と同様に、路線価を基に計算する方法と（路線価については25ページ参照）、近傍宅地の固定資産税評価額を基準に計算する方法があります。その山林が路線価の設定されている道路に面していれば路線価で計算してみてください。そうでなければ、近くの宅地の固定資産税評価額を面積で割った額に1.1を掛けて計算してください。

傾斜地の宅地造成費

　市街地山林の宅地造成費は、市街地農地の宅地造成費の場合と同じ**「宅地造成費の金額表」**（103ページ参照）に記載されています。宅地造成費の金額表のなかに**「傾斜地の宅地造成費」**という項目がありますので、それをご覧ください。山林であっても平坦地のケースもあります。その場合は平坦地の整地費等を差し引いて計算してください。

　東京都の令和4年分を例にすると、傾斜度が3度超5度以下の場合は19,400円／㎡、5度超10度以下の場合は23,500円／㎡、10度超15度以下の場合は35,800円／㎡、15度超20度以下の場合50,500円／㎡というように定められています。

　路線価10万円の道路に面した100㎡の市街地山林で、傾斜度が5度の場合、（100,000円－19,400円）×100㎡＝8,060,000円が評価額となります。路線価のある道路に面しておらず、隣接する宅地の固定資産税評価額が900万円で地積が100㎡であったとすると、1㎡当たりの単価は9万円となります。通常宅地の評価倍率は1.1倍

になりますので、90,000円×1.1＝99,000円が宅地であるとした場合の1㎡当たりの価額になります。傾斜度が5度であった場合、（99,000円－19,400円）×100㎡＝7,960,000円がこの市街地山林の評価額になります。なお、「傾斜地の宅地造成費」の金額は「整地費」等の宅地造成に要するすべての費用を含んでいますが、「伐採・抜根費」は含まれていないため、これだけは個別に差し引くことができます。

多額の宅地造成費が必要な場合や宅地化が見込めない場合の評価

　市街地農地や市街地山林は、宅地への転用に対する需要が高いことから、宅地並みの評価額となってしまいますが、**なかには宅地への転用が見込めない場合**があり得ます。そういったケースにまで宅地並みの評価額で相続税の計算をすることには合理性がありません。**宅地への転用が見込めない場合には、通常の農地や山林の評価、すなわち、固定資産税評価額に評価倍率を掛ける方法で評価額を計算します**。具体的には、近隣の純農地や純山林の価額を基準にして計算します。

　では、「宅地への転用が見込めない場合」とはどういった土地になるのでしょうか。まず、先ほどからお話ししております**宅地造成費を引き算すると、純粋な農地や山林としての評価額を下回るような場合**です。極端なケースでは評価額がマイナスになることもあり得ます（実際にはマイナ

108

スの評価額はあり得ません）。こういった場合は、そもそも宅地にするために造成すること自体に経済的合理性がないということになります。

次に、宅地造成が不可能なケース、具体的には、**急傾斜地である場合**です。傾斜度が 30 度以上もあるような土地の場合、通常は宅地造成が不可能と考えられますので、市街地農地や市街地山林の評価額をそのまま適用することは大変不公平であるといえます。

実際には地域の実状等に照らし合わせて判断することになりますが、市街地農地や市街地山林であっても、宅地並みの高い評価をしなくてもよいケースはあり得ます[2]。

まとめ 《**市街地山林の評価**》

● 市街化区域内に入っている「市街地山林」は、通常の山林と比べると格段に高い評価額になる

● 市街地山林の評価額は、宅地とした場合の価額から宅地造成費を差し引いて計算する

● 宅地への転用が見込めない山林の場合には、通常の農地や山林の評価、すなわち固定資産税評価額に評価倍率を掛ける方法で評価額を計算する

---

[2] お住まいの地域の税理士にご相談ください。

3 農機具や立木も課税対象

● 田植機やトラクターも相続財産になる？

節 子 私は田植機やトラクターなどを使って農業をしています。息子も引き続きそれらの機械を使っていくと思うのですが、これらも相続財産になるのでしょうか。購入時はかなり高価だった農機具もありますので、気になります。

税理士 農業用の機械は高額ですね。しかも、一定期間ごとに買い替えが必要になってくるのが実状かと思います。原則としては、相続の発生時点で実際に売買されている価格（売買実例価額）などで評価しますが、**相続の発生時点における新品の小売価格から実際の所有期間の減価償却費の額を差し引いた額で評価する**ことのほうが多いと思います。誤解を恐れずに言いますと、毎年所得税の確定申告をされる際に、農業所得の収支内訳書を作成されていると思いますが、その中にある減価償却資産の**未償却残高**で評価をしても大きくは外れないのではないでしょうか。

● 山にある木は相続財産になる？

節 子 畑の裏手の山には大小の木が生えていますが、手入れをほとんどしていませんので、材木としての価値はないと思います。木も相続財産として考えなければならないのでしょうか？

税理士 基本的には財産として捉えることになると思います。

森林の立木については、**1ヘクタール当たりの標準価額**というものを基に計算します。これは年度ごと地域ごとに決められていて、国税庁のホームページで公開されています。この**1ヘクタール当たりの標準価額に面積を掛け算して評価額を計算する**ことになります。本当は、都道府県の林業課などで**森林簿**[*3]などを取得して、それらの情報を基にもっと複雑な計算をしますが、1ヘクタール当たりの標準価額に面積を掛け算した評価額を上回るケースはそれほどないと思われますので、相続税がかかるかどうかといった試算には十分に役立つと思います。

　ちなみに節子さんの山の木に関しては、植えてある面積があまり広くないので、それほど心配しなくても大丈夫でしょう。

● 畑に植えている果樹

節　子　山の木で思い出したのですが、畑に無花果や柿などを植えて収穫し、出荷しています。これらはどういった評価をするのですか？

税理士　果樹については、**植えてから成熟するまでにかかったコストから相続の発生時までの減価償却費を差し引いて評価額を計算**します。実際には、所得税の確定申告の際に、農業所得の収支内訳書を作成されていると思いますので、その中の未償却残高の数字を使ってもらって差し支えありません。ちなみに、お庭に植えている果樹については、収益を目的として所有しているものでなければ評価しなくても構いません。

[*3]　**森林簿**…森林の所在地や所有者、面積や林種、樹種などの、森林に関する情報を記載した台帳のこと。

● 庭園設備も相続財産に含む？

節　子　かなり昔の話になるのですが、親戚が庭園に凝ってい
て、高額な松の木などがあったため、相続の際に庭園がそれな
りの評価額になってしまったという話をしていました。わが家
の庭も面積だけはほかのお宅並みにありますが、庭園と呼べる
ような代物ではありません。それでも相続税の計算上はいくら
かの評価額が出てしまうものでしょうか？

税理士　常識に照らして考えた際、節子さんのご親戚のように
並外れた金額をつぎ込んだ庭園の場合には、相続財産としてき
ちんと評価をすべきという判断が必要になる可能性もあります。
庭園設備は、相続の発生時点での調達価額（相続の発生時におい
て、その庭園設備を現況をふまえて取得するためにかかる価額）**の70
％相当額で評価**することになっています。これは庭木や庭石な
どの個別の取得金額だけではなく、現状の庭園をもう一度作り
上げたときにかかるすべての金額の70％相当額という意味で
す。しかし、**評価の対象となる庭園設備とは、京都や奈良にあ
る有名庭園のような大規模で客観的価値を有するもの、平たく
言えば、入園料を徴収するようなレベルの庭園であると解釈す
ることが一般的**です。一般の家庭にある庭園設備を評価対象と
して扱うことは実務上はまれです。よほどのものでない限りは
評価の対象にならないと考えて差し支えありませんのでご安心
ください。とはいえ、ご親戚の場合のように、観覧料は徴収し
ていないものの、剪定時の維持費用などにかなりの額を投入し
ている場合は、評価ゼロにするかどうか悩ましい問題です。維

持費用などをベースにして個別に検討することになりますので、税理士に相談したほうがいいでしょう。

4 上場株式の評価方法

● 所有する株式の評価額は？

節　子　夫のことではないのですが、実は私は株式投資を行っておりまして、毎年少しずつ買い足しています。夫が亡くなってから数年後、友人から証券会社の営業マンを紹介されたことがきっかけでした。最初はお付き合い程度だったのですが、預金の利率が低い現在、すべてを預金として持っておくよりは一

部を投資したほうがよいと考えるようになりました。今では株価の動向を新聞でチェックするのが楽しくて、いい刺激になっています。証券会社から送られてくる取引明細をご覧ください。

税理士　かなりたくさんお持ちですね。

節　子　私が亡くなったら、かなりの評価額になるのでしょうか？

税理士　上場株式については、その日の終値を基に計算してください。概算額を計算するには十分役に立つと思います。詳しく説明しましょう。

解説 ・・・・・・・・・・・・・・・・・・・・・・・**株式評価の基礎知識**

上場株式の評価額を計算する

上場株式の評価

　上場株式の評価額は、まず**相続が発生した日の終値**を調べてください。これは節子さんがされているとおり日刊新聞などで確認できます。また、最近はインターネットの検索サービスでファイナンス項目から確認できます。**検索欄に直接「○○株式会社　株価」と入力して検索**していただいても情報が出てきます。パソコンの操作については息子さんやお孫さんに相談してみてください。

　次に、**相続が発生した月の終値の月中平均、その前月の終値の月中平均およびその前々月の終値の月中平均を調べ**てください。これらも日刊新聞等（過去の記事については地域の図書館をご利用になるといいと思います）で確認できますが、

インターネットで検索するとすぐに出てきます。

このように調べていただいた、その日の終値、その月の終値の月中平均、その前月の終値の月中平均、その前々月の終値の月中平均のうち、**最も低い価額のものが評価額**になります。もしその日の終値が低い価額であればその額を使えばいいですし、仮に何らかの要因で一時的に高くなっていても、その前月や前々月の価額が低ければそちらを採用できます。ちなみに、**証券会社によっては相続手続きに関する資料として、これらの情報を記載した文書を交付してくれます**。

なお、もしお亡くなりになった日が休日等のため取引が行われていない場合、その日の終値は存在しないことになります。この場合、基本的には、**お亡くなりになった日に最も近い日の終値**を使います。ただし、休日明けの終値が下落している場合には、休日明けの日が最も近い日であったとしても、休日に入る前の終値を採用します。

● 証券投資信託はいくらに？

節　子　株と似ているのかもしれませんが、証券会社の方に勧められて証券投資信託もやっています。これは相続税の計算をする際にどういった評価をするのでしょうか。

税理士　証券投資信託は、不特定多数の投資家から集めた資金を、投資信託会社が株式や公社債などの有価証券に分散投資して、その運用によって得た利益を投資家に分配する制度です。

主たる投資対象が何かによって、株式投資信託や公社債投資信託といったような種類に分けられます。皆さんがよく利用されている中期国債ファンドやMMF等は、**一口当たりの基準価額に口数を掛けて、所得税の額などを差し引いて評価額を計算**します。この計算で使う一口当たりの基準価額等は証券会社から送られてくる資料に記載がありますので、そちらを参照してください。なお、金融商品取引所に上場されている株式投資信託は、先ほどお話しした上場株式と同じような評価をします。信託受益権の評価は、受益者が誰になるのかによって評価方法が異なるなど複雑であるため、詳細な資料を用意したうえでご相談いただいたほうがいいと思います。

● **公社債の評価**

節 子 夫が若い頃に勤めていた会社の社債があるのですが、これにはどのような値段がつきますか？

税理士 いわゆる公社債の評価です。公社債は、①利付公社債、②割引発行の公社債、③元利均等償還が行われる公社債、④転換社債型新株予約権付社債——の4つに分けられています。細かい計算方法はそれぞれありますが、大きく捉えますと、**発行価額に既経過利息**＊4 **（既経過償還差益）を足し、源泉所得税を控除した額が評価額となります。**

＊4　既経過利息…発行日または相続発生直前の利払日から相続発生時点までの利息を指す。

● 個人向け国債の評価

節 子 償還期限10年の個人向け国債を持っているのですが、これは額面金額で評価すればいいでしょうか？

税理士 ご存知のとおり、個人向け国債は、年2回の利払いがあります。また、原則として発行後1年を経過すれば中途換金が可能で、相続で被相続人が保有していた場合等には1年未満でも中途換金が可能とされています。中途換金の際には、違約金的な意味合いを持つ**中途換金調整額**が差し引かれます。そこで相続税評価額は、**お亡くなりになった日の中途換金の額**をベースに計算します。具体的には、**額面金額に経過利息相当額を加え、中途換金調整額を差し引いて評価額を求めます**。中途換金調整額は、お亡くなりになった日の直前2回分の利子相当額に0.8を掛けた数字になります。

まとめ 《上場株式／証券投資信託／公社債／個人向け
国債の評価》

● 上場株式の評価額は、まず**相続が発生した日の終値**を調べるところから。その日の終値、その月の終値の月中平均、その前月の終値の月中平均、その前々月の終値の月中平均のうち、**最も低い価額のものが評価額**

● 中期国債ファンドやMMFなどは、一口当たりの基準価額に口数を掛けて、所得税の額などを差し引いて評価額を計算する

● 公社債は、発行価額に既経過利息を足し、源泉所得税を

第4章

控除した額が評価額となる

●個人向け国債は、額面金額に経過利子相当額を加え、中途換金調整額を差し引いて評価額を求める

⑤ 「建物更生共済」や 農協への出資金も忘れずに

● 建更の解約返戻金相当額も財産に

節 子 わが家はいろいろな面で農協にお世話になっていて、自宅の火災保険も、JA共済の「建更(たてこう)」に加入しています。私が亡くなったとき、これも財産になるのでしょうか?

税理士 「建物更生共済」に加入されているのですね。結論を先に申し上げますと、**亡くなった日における建物更生共済の解約返戻金(かいやくへんれいきん)相当額が相続財産**になります。

解説 ‥‥‥‥‥‥‥‥‥‥‥‥‥‥‥ **保険金などの基礎知識**

建物更生共済とは?

建物更生共済は、一種の火災保険ともいえるような制度です。一般的な火災保険はそのほとんどが掛け捨て型であるのに対し、建物更生共済は積立型になっており、積立金は満期時に満期共済金として受け取ることができます。

満期を迎える前に共済契約者が死亡した場合、共済契約は相続により承継されることになっています。一般的な掛

け捨て型の火災保険では積立金部分がないことから、解約した場合においても解約返戻金を受け取ることがないため、相続による契約の承継の際に相続税の対象となりません。

　これに対し、建物更生共済には積立金部分があり、解約した場合には積立金部分を解約返戻金として受け取ることができます。**相続人は死亡した共済契約者が支払っていた積立金部分を受け取ることができる権利を取得したことになるため、共済契約者が死亡した時点における積立金部分の解約返戻金相当額が相続税の対象になります。**積立金額が多額になっているケースも考えられますので、申告漏れがないように十分に注意しましょう。

　余談ですが、生前に満期共済金を受け取った場合は一時所得となり、所得税が課税されます。

・・・

● 農協への出資金は？

節　子　ほかの農家と同じように、うちも農協に出資金があります。これも財産になるように思いますが、どういった評価をするのでしょうか？

税理士　農業協同組合は、その組合員と会員に対して最大限のサービスを提供することを目的とした事業を行っており、営利を目的として事業を行わない組合などに該当します。このような団体に対する出資については、原則として、**払込済出資金額が相続税評価額となります。**払込済出資金額というのは、今までに出資した総額です。おおよその額は記憶にあるとは思いま

すが、正確な数字を忘れていても農協で手続きをすれば残高証明書を発行してもらえます。

　信用金庫や信用組合に対する出資も農業協同組合に対する出資と同様に払込済出資金額で評価します。組合であっても、企業組合や漁業生産組合などのように、それ自体が一つの企業体として営利目的で事業を行うことができる場合や、協業組合のように相互扶助などの組合原則の順守よりも会社制度の要素を多く取り込んでいるような場合は、払込済出資金額では評価しませんのでご注意ください。

まとめ　《建物更生共済の積立金と農協への出資金》

● 「建物更生共済」では、共済契約者が死亡した時点における積立金部分の解約返戻金相当額が相続税の課税対象になる

● 農業協同組合のような団体に対する出資については、原則として払込済出資金額が相続税評価額となる

---

6 いわゆる「農業相続」について（農地等を相続した場合の納税猶予）

● 税負担を軽くして息子に農業を引き継がせたい

節　子　わが家の基礎控除額が4,200万円になることは分かりました。そして、所有する農地は市街地農地に該当するため、農地の評価額だけでも基礎控除額はゆうに超えてしまうのです

ね。さらにほかの財産も加えますと、かなりの相続税になってしまうのではないでしょうか。現在、長男が役場に勤めながら農業を手伝ってくれていますので、できればこのまま農業を引き継いでもらいたいと思っています。そのためにも金銭的な負担をできるだけ軽くしたいのですが、何かいい方法はありませんか。

税理士　ご長男が農業を手伝っているということですから、ご長男が農地を相続されれば、納税猶予の特例、いわゆる**農業相続**を利用できます。いろいろな制約はありますが、農業を続けるのであれば有効な手段です。

解説 ・・・・・・・・・・・・・・・・・・・・・・・・・**農業相続の基礎知識**

納税猶予を受けるために

納税猶予のあらまし

　農業相続というのは、通常の農地の評価額が**「農業投資価格」**による評価額を超える部分に対応する相続税額について納税が猶予される制度です。農業投資価格は国税庁のホームページの路線価図の中にある**「農業投資価格の金額表」**で確認することができます。少し難しい言葉が出てきたので簡単に説明すると、節子さんの場合、**農地が市街地にあることから、かなり高い評価額になるため必然的に相続税が高くなってしまうのですが、農業投資価格という格段に安い金額で評価することにより、劇的に相続税額が安くなります。**

農業投資価格がどれくらい安いかを見ていきましょう。東京都の令和4年分の農業投資価格を例にとります。畑の場合、10アール当たり84万円となっています。10アールは1000㎡ですから、1㎡当たり840円ということになります。**路線価が10万円／㎡の農地であっても840円／㎡で評価できる**のです。農地ですから面積もかなり広いケースが多いことから、10万円と840円とでは評価額にとても大きな差が出ます。当然ですが、相続税の納税額にも大きな開きが生じることになります。

「**通常の評価で計算された相続税額と、農業投資価格を基に計算された相続税額との差額分をとりあえず納税しなくてもいいですよ**」という納税猶予制度がいわゆる農業相続です。もし前提となる条件が崩れた場合は、本来の相続税額を支払わなければならなくなります。

納税猶予を受けるための条件

納税猶予を受けるための条件には、人に関する条件と農地に関する条件があります。ケースによって細かい項目はありますが、人に関する条件としては、**亡くなった方が死亡の日まで農業を営んでいた人であったことおよび相続人が相続税の申告期限までに農業経営を開始し、その後も引き続き農業経営を行うと認められる人である**ことが挙げられます。また、農地に関する条件として、**亡くなった方が農業をしていた農地で相続税の申告期限までに遺産分割されている**ことが挙げられます。どの農地を誰が相続して農

業を継続するのかが確定していなければ、この制度は利用できないことになります。

納税猶予を受けるための手続き

　まず、相続税の申告書に必要事項を記載し、**期限内に提出**することが大前提です。申告書に必ず添付するものとして、**「相続税の納税猶予に関する適格者証明書」**があります。これは各地域の農業委員会が発行する書類です。一般の方にとって農業委員会は耳慣れない組織だと思いますが、お住まいの地域の市町村役場にお問い合わせいただければ案内してもらえます。納税猶予を受けようと決めたら、できるだけ早く**「相続税の納税猶予に関する適格者証明書」を取得する手続き**をしてください。地域によって異なるかもしれませんが、申請手続きが15日締めで、証明が下りるのが翌月の5日から10日あたりというのがよくある日程のようです。申告期限までにこの証明書が発行されていなければ納税猶予を受けることができませんから、ギリギリではなく余裕をもったスケジュールで申請することが重要です。

　納税猶予を受けるためには、納税猶予税額および利子税の額に見合う担保を提供する必要があります。担保の内容などについては国税庁のホームページに詳細がありますが、**納税猶予を受ける対象農地すべてを担保に提供すれば手続上問題は起きません**。申告の際に、担保提供書などの担保関係書類を添付してください。なお、相続税の申告期限か

ら3年ごとに**継続届出書**を提出する必要があります。継続届出書についての通知等があったときには、それを無視しないよう、きちんと手続きをしてください。

もし農業をやめてしまったら

　農業経営を廃止したり、農地を譲渡したり、継続届出書を提出しなかった場合、**猶予されていた相続税額を納付しなければなりません。**しかも、**猶予期間分の利子税がかかります。**いったん農業相続を選択したら、安易な見直しは避けたほうが賢明です。

20年間農業をがんばったら……

　次の場合には、納税猶予されている相続税額が免除されます。つまり、猶予ではなく払わなくてよいことになります。

　①**納税猶予を受けた相続人が死亡した場合**

　②租税特別措置法の規定に基づき、**農地のすべてを農業の後継者に生前一括贈与した場合**

　③相続税の申告書の提出期限の翌日から**20年間農業を継続した場合**（地域等の条件によっては、終身の営農が必要な場合があります）

　永久ではないにせよ、20年間というかなりの長期間にわたり農業を継続するという負担を考慮したうえで、納税猶予を受けるかどうかを決断する必要があります。

まとめ 《農業相続の申請》

● 通常の農地の評価額が「農業投資価格」による評価額を
　超える部分に対応する相続税額について納税が猶予され
　る制度が農業相続。この制度を利用できれば劇的に相続
　税額が安くなる

● 農業相続の条件として、亡くなった方が死亡の日まで農
　業を営んでいた人であったことおよび相続人が相続税の
　申告期限までに農業経営を開始し、その後も引き続き農
　業経営を行うと認められる人であること。また、農地に
　関する条件として、亡くなった方が農業をしていた農地
　で相続税の申告期限までに遺産分割されていること

● 農業相続では、相続税の申告書に必要事項を記載し、期
　限内に提出することが大前提になる。申告書に「相続税
　の納税猶予に関する適格者証明書」を必ず添付する

● 納税猶予されている相続税額が免除されるのは、相続税
　の申告書の提出期限の翌日から 20 年間農業を継続した
　場合など

第4章

遺産分割協議に
問題がある場合の
相続税申告と
その後の対策

姉妹間の仲が悪く、
遺産分割協議ができない一美さん

1 相続トラブルで有利な 特例が使えない

一美さんの母親は102歳で天寿を全うしました。一美さんには妹が2人います。2人とも遠方に住んでいるため、普段はあまり交流がなく疎遠でしたが、姉妹の仲に特に問題はありませんでした。しかし、母親の葬儀が終わった後、突如として問題が起きました。妹2人が母が遺した預金を自分たちに相続させるように要求してきたのです。母親の入院中にお見舞いに行った際、「あなたたち2人に預金をあげるから半分に分けなさい」と言われたというのです。母親は生前、「一美には面倒を見てもらったから、私の財産はあなたがすべて相続しなさい」と言っていました。

形式が整った遺言書はなく、メモ書きは複数枚ありましたが、それぞれ内容が異なり、日付も記載されていないため、どれが一番新しいものかも分からない状態でした。その状況で、「長女に全財産を相続させる」と「不動産は長女に、預金は妹2人に」という相反する言葉が3人姉妹を対立させることになったのです。このように、**生前に兄弟姉妹の仲がよかった場合でも、相続がきっかけでトラブルが起こってしまうことは多々あります。**

相談者 一美さん（85歳）。父は10年前に他界。妹が2人いる。同居していた母親が亡くなった後の遺産相続に際して、遺言の相違によるトラブルが発生した。母親は賃貸アパートも所有。

● 母の面倒を見てきたのは長女

一　美　私は長女でしたから、母親と同居し、身の周りの世話から、母が隣地に建てた賃貸アパートの管理まで、すべてを担ってきました。妹たちが預金をすべて相続したら、相続税の支払いもできませんし、アパートの修繕も難しくなります。私が母親の面倒を見たことに対する恩典のようなものはないのでしょうか？

税理士　遺産を分割する際に、寄与分という考え方があります。民法に定められている法定相続分が遺産分割の割合を決める場合の基本となりますが、**被相続人の財産の維持または増加に特別の寄与をした場合に限って、寄与分が認められる**場合があります。寄与分が認められた場合、寄与分相当額を除いた部分を法定相続分で分け、寄与者にはあらかじめ控除しておいた寄与分を加算することになります。寄与分が認められるパターンには、家事従事型、金銭等出資型、療養看護型、扶養型および財産管理型がありますが、どの型にせよ要件は厳しいので、たとえば、**介護したということだけでは認められないケースが多い**のが実情です。また、調停をするに際しても、資料を集めたりといった手間や弁護士費用などのコストがかかるので、安易にはお勧めできない側面があります。

一　美　なるほど。なかなか大変なのですね……。では、このまま話し合いが平行線となった場合、相続税を計算するうえで、私に何か不利なことがありますか。

● 配偶者の税額軽減、小規模宅地の特例などは使えない

税理士　一美さんは、母親と同居していて相続発生後もずっと住み続けているので、自宅を相続することになれば、小規模宅地の特例（特定居住用宅地／49ページ参照）を受けることができます。330㎡までは80％ほど評価額を減額できますが、このまま遺産分割が確定しない状態で、つまり**未分割のまま申告する場合は、小規模宅地の特例を使うことができません**。このほかにも、今回の場合は直接関係はありませんが、**配偶者の税額軽減なども受けることができません**。また、未分割財産については物納ができなかったり、相続で取得した不動産を3年以内に売却した場合に使える相続税の取得費加算の特例という、おトクな所得税の特例が使えなかったりといった具合に、いろいろなデメリットがあります。

一　美　せっかく有利な特例を受ける条件が整っているのに、このままだと使えないのですね。では、相続税申告のために、とりあえず遺産分割協議をしておいて、後から協議をやり直すことはできないのでしょうか？

● 遺産分割協議のやり直しは税務上問題あり

税理士　手続き上はできます。遺産分割協議のやり直しは、当初の分割協議の解除→遺産分割の再成立、という流れになります。これは最高裁の判決で認められており、手続き上は問題ないのですが、税務上は問題があります。**遺産分割のやり直しをすると、当初の遺産分割の取得者から、やり直した後の新取得**

者への贈与と認定されて、贈与税が課税されることになります。これは、一度確定したものについて、第三者等が取引を行っている場合などに第三者にも課税関係において影響を及ぼすことになり、それを避けるためという意味合いがあります。ですので、**いったん確定した遺産分割をやり直すことは、税金の面から考えると大変不利な選択**ということになります。ですので、なるべくされないほうがいいと思います。

一　美　とりあえずは未分割のままでいるほうがまだいいのですね。なかなかいい方法はないものですね。具体的にはこれからどういう手続きをすればよいのでしょうか。

まとめ　《「寄与分」と遺産分割未確定のデメリット》

● 被相続人の財産の維持または増加に特別の寄与をした場合に限って、「寄与分」が認められる場合がある。ただし、要件は厳しい

● 遺産分割が確定しない状態で申告する場合のデメリット
　・小規模宅地の特例を使うことができない
　・配偶者の税額軽減などを受けることができない
　・未分割財産については物納ができない
　・相続で取得した不動産を3年以内に売却した場合に使える所得税の特例（相続税の取得費加算）が使えない

● 遺産分割のやり直しは税金の面では不利

法定相続分で仮の申告納税をする

● とりあえず法定相続分で期限内に申告

税理士 遺産分割協議がまとまらないからといって、このまま放っておくわけにはいきません。相続税の申告期限はお亡くなりになった日の翌日から**10カ月以内**ですので、それまでに遺産分割ができなかったとしても申告はしなければなりません。

一 美 そうは言いましても、まだ何も決まっていないのにどうやって申告するのでしょうか。適当に分割して申告するわけにはいきませんし。先ほどのお話ですと、遺産分割のやり直しはしないほうがいいということでしたね。何か特別な方法があるのですか?

税理士 特別な方法ではなく、むしろ、基本に立ち返ることになります。民法では相続人それぞれの相続分が定められています。これを**法定相続分**といいます。絶対に法定相続分で分割しなければならないということではありませんが、ほかに何もなければ法定相続分に従って考えるのが基本だということです。未分割のままで相続税の申告をしなければならない場合は、**期限内に法定相続分で分割したと仮定して申告をする**ことになります。

● 相続の放棄があったときの考え方

一 美 可能性は低いのですが、もし妹の1人が相続を放棄した場合はどういうことになるのでしょうか。

税理士 妹さんの1人が相続を放棄した場合、具体的には次のようになります。

解説 ……………………………… **相続放棄の基礎知識**

相続を放棄した人がいる場合

相続を放棄した人がいる場合、相続税を計算する各段階によって相続分の捉え方が異なります。法定相続人が相続を放棄すると、民法上、その人は初めから相続人にならなかったものとみなされます。しかし、相続税の計算をする際の基礎控除額を求めるときに使用する法定相続人の数は、相続の放棄がなかったものとした場合の相続人の数、つまり相続の放棄をした人を含めた相続人の数です。したがって、ほかの要素がなければ、相続の放棄があっても相続税の総額には影響がありません。ただし、実際に相続する人数は減っているわけですから、1人当たりの税の負担額は多くなります。

また、相続財産の中に死亡保険金や死亡退職金がある場合、相続の放棄をした人には非課税額は適用されないことから、相続税の総額に影響が出る場合があります。

……………………………………………………………………………………

遺産分割がまとまったら、更正の請求もしくは修正申告

一 美 未分割のまま申告する場合は、法定相続分で申告するということは分かりました。では、今後話し合って遺産分割が

決まったときにはどういう手続きをすることになりますか。

税理士 最初の申告は、法定相続分で仮に申告しているだけですから、きちんと遺産分割ができたらその結果を反映して訂正しなければなりません。この訂正の手続きを「**修正申告**」もしくは「**更正の請求**」といいます。もし、一美さんが全財産を相続することになったら、一美さんの税額は増えます。法定相続分3分の1で計算している税額より増えるのは当然ですよね。このように、**税額が増える場合の訂正の手続きを修正申告**というのです。これに付随して、一美さんが全財産を相続する場合、妹2人は何も相続しないことになるので、税額はゼロにならないとおかしいですよね。妹2人は、法定相続分で分割したと仮定して、支払っている税金を返してもらわなければ割に合いません。このように、**いったん払っている税金を返してもらう手続きを「更正の請求」といいます**。実際にそれぞれがどちらの手続きをすることになるのかは遺産分割の内容次第ということになります。なお、この手続きは**分割が行われた日の翌日から4カ月以内**に行わなければなりません。

● 申告期限後3年以内の分割見込書

一 美 遺産分割ができていないと、小規模宅地の特例などの制度が使えないのですね。未練がましいかもしれませんが、どうやってもそれらの特例は使えないものでしょうか。

税理士 今回は未分割のまま申告するので使えませんが、遺産分割協議がまとまってから行う**修正申告もしくは更正の請求をするときに、小規模宅地の特例などを使うことは可能**です。そ

のために「**申告期限後３年以内の分割見込書**」という書類を最初の申告のときに一緒に提出しておく必要があります。未分割のままで申告する際には、法定相続分で分割したと仮定して、何の特例も使わずに原則的な方法で計算した額面どおりの多額の税額をいったん支払っていますから、小規模宅地の特例などをうまく使うことができれば、相続人全員が税金の還付を受けることができるケースもあり得ます。現在は不透明な状況であっても、将来のために、小規模宅地の特例などを使える可能性を残しておきましょう。

まとめ　《**未分割のままで相続税を申告する場合**》

● 相続税の申告期限は亡くなった日の翌日から10カ月以内

● 未分割のままで相続税の申告をする場合は、期限内に法定相続分で分割したと仮定して申告をすることになる

● 相続税の計算をする際の基礎控除額を求めるときに使用する法定相続人の数は、相続の放棄をした人を含む

● 後日遺産分割が決定した場合、訂正の手続き（「修正申告」もしくは「更正の請求」）を行う

● いったん払っている税金を返してもらう手続きを「更正の請求」という

● 修正申告もしくは更正の請求をするときに、小規模宅地の特例などを使うことは可能。そのためには「申告期限後３年以内の分割見込書」を最初の申告のときに提出しておく必要がある

③ 遺言のススメ

● 未分割のまま次世代に先送りしてはいけない

一　美　このままずっと遺産分割協議がまとまらなかったら、どうなってしまうのでしょうか？

税理士　遺産分割協議がまとまらないだけでも問題があることはお話ししたとおりですが、未分割のまま次世代以降に問題を先送りしてしまうと、問題はさらに拡大します。通常は世代が下れば下るほど相続人の数が増えます。また、裾野が広がるだけでなく、相続人が外国に居住していたり、日本国内にいたとしてもかなり遠方に住んでおり普段ほとんど会うことがないような状況となると、話し合いをすることさえ難しくなってしまいます。世代が下ると案外あっさりと話がまとまることもないとは言えませんが、後日になって不満による不和が起きることも少なくありません。

● 快く思っていない人に最小限しか相続させない

一　美　ずっと放っておくとそんな問題が起きてくるのですね。私の場合、どうすればよかったのでしょうか。

税理士　今回は姉妹の間で遺産分割協議がまとまらなかったわけですが、事前にこういったトラブルを回避するためにはやはり遺言が有効でした。言い方が悪いかもしれませんが、**自分が快く思っていない人に最小限しか相続させないような内容の遺言書を書いておいてもらうことが重要です**。ここで注意すべき

なのは遺留分*¹です。もし相続人の誰かの遺留分を侵害するような内容の遺言書を作成した場合、相続発生後に遺留分侵害額請求をされることにつながり、せっかく作ってもらった遺言書の内容を生かすことができなくなってしまいます。ですから、言い方を変えると、**自分以外の相続人について、遺留分を考慮した最低限の財産しか相続させない内容の遺言書を書いておいてもらうこと**がポイントになります。

● 「公正証書遺言」のメリット

一　美　遺言を書いておくことが有効であるのは分かりました。では、具体的にどのようにすればよかったのでしょうか。

税理士　ここからはご参考までの話になりますが、**遺言書を「公正証書遺言」によって作成されること**をお勧めいたします。ほかにもいくつかの遺言の方式はあるのですが、公正証書遺言は少々の手間と手数料がかかるというデメリットを補って余りあるメリットを得られる点がお勧めする理由です。このことについて少し説明しましょう。

---

*1　**遺留分**…亡くなった被相続人の兄弟姉妹以外の一定範囲の相続人（法定相続人）に法律上最低限保障される遺産取得分のこと。遺留分は、遺言の内容よりも強い権利。

公正証書遺言をお勧めする理由

　遺言には「特別方式遺言」と「普通方式遺言」があります。通常は遺言といえば普通方式遺言のことですから、まずはこの説明をします（表4）。

　普通方式遺言には、**自筆証書遺言、公正証書遺言**および**秘密証書遺言**があります。**自筆証書遺言はその名のとおり自署で遺言書を作成し、氏名・日付を記載、押印のうえ、自己責任で保管する方式**です。自分で書くだけですから特に費用もかかりません。しかし、**紛失や偽造の恐れがあること、家庭裁判所の検認が必要であること、要件不備により遺言書が無効となる恐れがあること、遺言書の存在自体を誰にも気付いてもらえない可能性があること**といった短所があります。今回、一美さんのお母様の遺品の中から自筆のメモ書きのようなものが出てきたとのことですが、日付も書かれていなかったようですし、それぞれのメモの内容が異なっていたこともあり、このメモは自筆証書遺言とは認められません。

　遺言が必要になるケースとして、遺産を相続人のうちの特定の相続人に集中的に相続させたい場合や、遺言者が再婚者で先妻との間に子どもがいる場合などさまざまなケースが考えられますが、いずれもトラブルの可能性を秘めたケースといえます。**トラブルを避けるために作成するのが遺言書ですから、偽造の恐れや無効になる可能性などをは**

特別方式遺言		緊急時の遺言書。病気やけがで死期が迫り、署名押印ができない状態の場合に口頭で遺言を残し、証人が代行して書面化する
普通方式遺言	自筆証書遺言	自署で遺言書を作成し、氏名・日付を記載、押印のうえ、自己責任で保管する
	公正証書遺言	遺言者と立会人2名が公証人役場に出向き（公証人が自宅に出張してくれることもある）、公証人が遺言書を作成・保管する
	秘密証書遺言	遺言者が作成した遺言書を封入して、公証人役場で自己の遺言書であることを証明してもらう

表4 遺言の方式

らんだ**自筆証書遺言を選択することはお勧めできません。**

　これに対して、**公正証書遺言は、遺言者と立会人2名が公証人役場に出向き（公証人が自宅に出張してくれることもある）、公証人が遺言書を作成・保管する方法**です。遺言者には謄本が交付されます。手続きが多少煩雑であったり、公証人の手数料が必要になったりするという短所はありますが、**紛失や偽造の恐れがないこと、家庭裁判所の検認が不要であることおよび遺言書作成の事実を立会人を介して明確化できる**という長所があります。多少の手間とそれなりの費用がかかりますが、遺言書本来の目的を確実に達成するためには公正証書遺言を選択することをお勧めします。

　秘密証書遺言は自筆証書遺言と公正証書遺言の中間的なものです。遺言者が作成した遺言書を封入して、公証人役場で自己の遺言書であることを証明してもらう方式です。公証人の手数料が必要である点は公正証書遺言と同じですので、要件不備で遺言書が無効になるリスクを考えると、公正証書遺言を選んだほうがいいでしょう。

● 養子縁組や生命保険

税理士 遺言以外に相続を有利に進める方法として、養子縁組があります。**世帯を単位として考えた場合、自分の妻や子どもを親の養子にしておけば、世帯としての相続分が増える**ことになります。基礎控除額の計算では養子の人数制限があるので、節税目的の養子縁組には限界がありますが、世帯単位での取り分を増やすためには効果が見込める方法です。

また、生命保険を活用するのも一つの方法です。**受取人を指定した生命保険に加入しておけば、その生命保険金については遺産分割協議をする必要がありません**し、保険金は速やかに受取人の口座に振り込まれるので、未分割のために、とりあえず申告する際の納税資金が手元になくて困るといった事態を避けることもできます。

まとめ 《遺言の方式》

● 遺言には「特別方式遺言」と「普通方式遺言」がある

● 普通方式遺言には、自筆証書遺言、公正証書遺言および秘密証書遺言がある

● 遺言の方式によっては、偽造の恐れや無効になる可能性もあるので注意が必要

● 公正証書遺言は、遺言者と立会人２名が公証人役場に出向き、公証人が遺言書を作成・保管し、確実性が高い

④ 「代償分割」の可能性

● ほかの相続人に代償金を支払う代償分割

一　美　現状では、妹たちの主張は預貯金についてのみです。しかし、ご存知のように母はきちんとした遺言書を残していませんでしたから、たとえば預貯金だけではなく、法定相続分に相当する金額を要求される可能性はあるのでしょうか？

税理士　まだ遺産分割協議のテーブルについていませんから何とも言えないのですが、その可能性はあると思います。そうなった場合、相続財産に占める不動産の割合が高いので、分割が困難な状況が出てくるかもしれません。

一　美　その場合、いったん1人が相続して、ほかの相続人に不足部分をお金で支払う方法があると聞いたことがあるのですが。

税理士　はい、「**代償分割**」という方法があります。相続財産を細分化することが不適当で、代償金の支払いによることについて、相続人の間で合意がある場合などに行使できます。

一　美　具体的にはどういう方法でしょうか。

解説 ‥‥‥‥‥‥‥‥‥‥‥‥‥‥ 代償分割の基礎知識①

代償分割の仕組み

　代償分割は、ある相続人にその相続分を超える遺産を現物で取得させ、代わりにその相続人に、相続分に満たない遺産しか取得しなかった相続人に対する債務を負わせる分

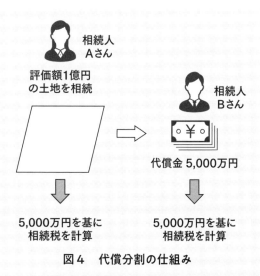

相続人
Aさん

評価額1億円
の土地を相続

相続人
Bさん

代償金 5,000万円

5,000万円を基に
相続税を計算

5,000万円を基に
相続税を計算

図4　代償分割の仕組み

割方法です。言い換えれば、**ある相続人にいったん多めに取得してもらって、その代わりにほかの相続人に対して代償金を支払ってもらう**のです。

　いったん多めに取得した相続人は、取得した財産から支払った代償金を差し引いた金額について、少なめに取得した相続人は、最初に取得した財産に受取った代償金を加えた金額について相続税を計算します。

　たとえば、**相続人Aさんが評価額1億円の土地をいったん相続して5千万円の代償金を相続人Bさんに支払った場合、相続人Aさんは土地の評価額1億円−代償金5千万円＝5千万円を、相続人Bさんは代償金として受け取った5千万円を基に、相続税を計算する**ということになります（図4）。

● 代償財産を売ったら所得税がかかる

一　美　私のようなケースではとても有効な方法に思えるのですが、なにか注意すべきことはありますか?

税理士　たとえば、一美さんがご自分の手持ちの財産から姉妹に代償金を支払った場合は特に問題はないと思いますが、**いったん相続した不動産を売却したお金で姉妹に代償金を支払うような場合、売却した時点で所得税がかかります。**このようなケースでは所得税の金額が大きくなる恐れがありますから、所得税額を確認したうえで判断する必要があります。

解説 ……………………**代償分割の基礎知識②**

代償分割の注意点

代償金が高額すぎると贈与税がかかる?

　代償分割の場合、所得税の心配をする必要があることに加えて、贈与税の問題が起きることがあります。**代償金が本来の取得財産価額を超えてしまうと、代償金を受け取った人に贈与税が課税されてしまいます。**

　生命保険金を一方の相続人が受け取るような場合、気がつかずにこのような問題が起きていることがあります。生命保険金は受取人となった相続人固有の財産ですから、民法上の相続財産ではありません。にもかかわらず、**生命保険金も相続財産に加味したうえで代償金を決定した場合、代償金として支払ったつもりだったのに贈与したという扱**

いをされて、思わぬ形で贈与税が発生してしまうことがあるので注意が必要です。

換価分割の活用

代償分割と似た方法に**「換価分割」**があります。これは、**遺産を売却等により換価した後に、その代金を相続人の間で分配する方法**です。対象となる財産を手放したくない場合には使えませんが、換価することについて相続人の間で合意がとれていればトラブルになりにくい方法です。

代償分割の場合であっても結果的に売却すれば所得税が課されますが、売却しなければ所得税は関係ありません。これに対して、換価分割は売却することが前提であるため、相続税だけでなく**所得税が課される**ことになります。とはいえ、**売却する予定がある場合には換価分割のほうが有利**であると言われています。なぜなら、代償分割の場合はいったん対象財産を相続した人が1人で所得税を負担することになりますが、換価分割の場合は相続人全員が共同で売却する形であるため、相続人全員で所得税を負担することになるからです。

取得費加算の特例

所得税（譲渡所得税）の計算は、売却価格から取得費や譲渡費用を引き算した額に税率を掛けて計算します。**相続税の申告期限後3年を経過する日までの間に売却すれば、所得税の計算をする際に、支払った相続税額のうち一定額を**

取得費に加算できます。これを**「取得費加算の特例」**といいます。

代償分割後に売却した場合でも取得費加算の特例は使えますが、この場合、取得した相続人が１人で不動産等を売却したことになるため、その１人の相続税額しか取得費に加えることができません。**代償分割後に売却した場合、換価分割の場合に比べて取得費に加算できる金額が小さくなる**ことがあります。いずれにせよ、取得費加算の特例の適用を受けるためには、相続税の申告期限後３年を経過する日までという制約がありますから、十分に余裕をもってスケジュールを組み、遺産分割協議を進める必要があります。

....

> **まとめ** **《代償分割・換価分割について》**
> ● 「代償分割」は、相続財産を細分化することが不適当で、代償金の支払いについて相続人の間で合意がある場合などに行使できる。ある相続人がいったん多めに遺産を取得し、その代わりにほかの相続人に対して代償金を支払う分割方法
> ● いったん相続した不動産を売却したお金でほかの相続人に代償金を支払うような場合、売却した時点で所得税がかかるので注意
> ● 代償金が本来の取得財産価額を超えてしまうと、代償金を受け取った人に贈与税が課税される

第5章

●「換価分割」は、遺産を売却等により換価した後に、その代金を相続人の間で分配する方法

⑤ 一次相続のときに考えておくべき二次相続

●配偶者の税額軽減というワナ

一 美 今回、遺産分割協議がまとまらずに困っている状況を招いたのは、何がいけなかったのでしょうか？

税理士 これが原因です、と特定することはできませんが、要因の一つとして考えられるのは**問題の先送り**だと思います。お父様がお亡くなりになったときにすべての財産をお母様が相続されていましたよね。もしそのときにお母様がリーダーシップをとって、ある程度財産を分けていれば、このような事態にはならなかったかもしれません。私は経験上、**遺産分割協議をする際、相続人の中に親がいる状況と、相続人が兄弟姉妹だけの状況とでは結論のまとまりやすさに差がある**ように感じています。

一 美 父が亡くなったときに、なぜすべての財産を母が相続したのか、今となっては分かりません。

税理士 お母様が今後の生活のことを考えられたのかもしれませんし、特にはっきりとした理由はなかったのかもしれません。一つだけ要因として考えられるのは、**配偶者の税額軽減**です。配偶者が実際に相続する財産が法定相続分の範囲ですと相続税

はかかりません。もし法定相続分を超えても1億6千万円までは相続税がかからないことになっています。相続税の負担がないことは、配偶者がすべての財産を相続する場合の大きな要因であるといえます。しかし、いったん**相続税を回避できたとしても、次の相続（二次相続）では配偶者の税額軽減のような措置はありませんから、高い税額を払うことになるケースが多い**ようです。

一　美　一次相続と二次相続では具体的にはどのような流れになるのでしょうか。

解説 ……………………………… **相続税の基礎知識**

一次相続と二次相続における通算税額の違い

トータルでの税額を考える

　一次相続のとき（夫の死亡時）に妻がすべての財産を相続して問題を先送りした場合と、一次相続のときに一定程度の財産を分けて二次相続に臨んだ場合とでは、どのような差が出てくるでしょうか。

　たとえば、財産が1億5,000万円、相続人が3人（妻と子2人）のケースで考えてみましょう。そのうえで、一次相続で、**①妻がすべてを相続**した場合と、**②相続人3人が3分の1ずつ相続**した場合に分けて、一次相続と二次相続（妻の死亡時）を通算しての相続税額を比較してみます。なお、二次相続では、夫からの相続財産に加えて、妻固有の財産が1,000万円ほどあったとします。

一次相続では、1億5,000万円から基礎控除額4,800万円を差し引いた1億200万円を、法定相続分で按分した金額に税率を乗じて相続税を計算します。そこで相続税の総額は1,495万円になります。

　最初の相続では、①の場合、妻がすべてを相続しますので配偶者の税額軽減が使えます。すべての財産を相続しても1億6,000万円を超えませんから、納付すべき相続税額は0円ということになります。これに対し②の場合は、全員が3分の1ずつ相続しますから、相続税の総額1,495万円のうちの3分の1相当額には配偶者の税額軽減が適用されますが、残り3分の2相当額はそのまま納付する必要があります。結果として、9,966,600円の相続税を納付しなければなりません。

　二次相続では、①の場合、夫から妻が相続した1億5,000万円に妻固有の財産1,000万円を加えた1億6,000万円から基礎控除額4,200万円を差し引いた1億1,800万円を、法定相続分で按分した金額に税率を乗じて相続税を計算します。その結果、相続税の総額は2,140万円となり、納付すべき相続税額も2,140万円となります。これに対し②の場合は、夫からの相続財産1億5,000万円の3分の1に当たる5,000万円に妻固有の財産1,000万円を加えた6,000万円から基礎控除額4,200万円を差し引いた1,800万円を、法定相続分で按分した金額に税率を乗じて相続税を計算します。その結果、相続税の総額は180万円となり、納付すべき相続税額も180万円になります。

一次相続と二次相続を通算した相続税額は次のようになります。

①一次相続の相続税額0円＋二次相続の相続税額21,400,000円＝通算の相続税額21,400,000円

②一次相続の相続税額9,966,600円＋二次相続の相続税額1,800,000円＝通算の相続税額11,766,600円

　②の場合、一次相続で9,966,600円の相続税を支払うことになりますが、二次相続と通算して考えると、①に比べて支払う相続税額が9,633,400円も少なくなります。分割が困難な財産もありますので、ケーキを切り分けるようにはいきませんが、**税額の面に限定すれば②のほうが得**だと言えます。

> **まとめ** 《一次相続のときに二次相続も考慮する》
> - 一次相続でいったん相続税を回避できても、二次相続では配偶者の税額軽減のような措置はないため、高い税額を払うことになるケースがある
> - 一次相続で、①妻がすべてを相続した場合と、②複数の相続人が相続した場合に分け、二次相続（妻の死亡時）を通算したときの相続税額を比較検討する必要がある

相続税の支払いに問題がある場合の納付方法やその他の対策

相続税が払えなかった政子さんの場合

1 相続財産の構成が 不動産に偏っている

毎年、所得税の申告をお任せくださっている政子さんは、ご自分が亡くなった後に息子さんたちが相続税を払えるのか、不安になっています。不動産の賃貸経営をしていて一定の収入はあるのですが、近年修繕費などがかさみ、預貯金がだいぶ少なくなってきました。このままでは、息子たちは相続の際に自らの預金を取り崩して納税しなければならない事態になるのではないかと気になって、相談に来られました。

 相談者 政子さん（75歳）。夫は5年前に他界し、一人暮らし。不動産の賃貸収入で生計を立てている。不動産の評価額は概算で2億円。不動産物件の修繕などの出費が多く、預貯金が少ない。息子が2人おり、自身が亡くなったときの相続税について悩んでいる。

● 相続財産に預貯金がほとんどない

政 子 いつも所得税の申告をお願いしていますから、当家の不動産の状況はよくご存知かと思いますが、実は、私の財産は不動産がほとんどすべてと言っても過言ではありません。預貯金はゼロではありませんが、アパートの大規模な修繕などもあるため、必ずしも十分な額とは言えないのが現状です。このままでは、私が死んだ際に息子たちが相続税を払えないのではな

いかと心配です。どうしたらいいでしょうか。

税理士　おっしゃるように、相続財産のほとんどが不動産だとすれば、政子さんの財産の中から相続税を払うことができない可能性はあります。実際に相続が始まってから納税方法を検討したのでは間に合わないので、今から検討することには意味があると思います。まずは本当に相続税を払うことができないかどうか、しっかり検討する必要があります。そのために**現状の財産を分析し、相続税額を計算する**ことからスタートしましょう。その結果を基に、これからお話しする**延納・物納**を選択するかどうかを考えます。

　現状を分析することは、延納・物納の必要性があるかどうかの判断に役立つことはもちろんですが、**延納する際の担保に充てる財産があるか**、物納できる財産があるかを判断するうえでも重要です。それでは具体的に進めましょう。不動産の評価額は概算で2億円ですが、預貯金の残高の概算額を教えていただけますか。

政　子　預貯金は2,000万円ほどあります。それ以外にはこれといって財産はありません。

税理士　そうしますと、相続財産の総額は2億2,000万円で、相続人は息子さんお2人ですから、相続税の総額は3,940万円になります。預貯金は2,000万円ですから、相続税を支払うには不足していますね。

●現金納付が原則だが、延納や物納といった方法も

政　子　やはり私の財産だけでは足りないのですね。息子たち

は普通のサラリーマンですので、そんな大金を払えるほど蓄えがあるとは思えません。分割払いのような方法はないのでしょうか？

税理士　あります。それは**延納**という納税方法です。**相続税は原則として、金銭で一括納付する**ことになります。しかし、**納付すべき税額が10万円を超えていて、相続人が金銭で納付することが困難な事由がある**場合には、一定の額を限度として分割払いが認められます。これを延納といいます。いろいろな条件はありますが、**延納が認められれば不動産を処分する必要がなくなるので、資産をきちんと引き継いだうえで円滑な納税が可能**になります。

　相続財産を売却して納税資金を捻出する場合、そもそも相続財産の一部がなくなること、売却したときに所得税が課税されることから、ご子息に財産を引き継がせたい場合は延納のほうがよい選択といえます。ただし、一般的な分割払いに利息がかかるのと同様に、**延納には利子税がかかります**。もし銀行から納税資金を借り入れた場合の利息のほうが延納にかかる利子税よりも安ければ、銀行から借り入れた資金で納税し、銀行に返済したほうが得ということになります。

政　子　現金ではなく、所有する土地で納税する方法はありますか？

税理士　その場合は**物納**という納税方法があります。しかしこれは、**延納によっても金銭で納付することが困難な場合**にのみ許可される方法です。選択の順番は、まず金銭で一括納付、その次が延納、最後に物納となります。金銭での納付ができるの

に、不要な土地で物納するということはできません。

政　子　お金がなければ物で払えばいい、というように安易に考えてはいけないのですね。

税理士　一括納付ができるかどうかの判断は比較的簡単だと思いますが、**延納を選んだ場合、本当に払い続けることができるかどうかの検討は厳しく行わなければいけません**。多くの税額を延納によって納付する場合、長期間にわたってかなり重い負担を強いられることになります。また、**延納期間中に滞納が生じた場合、延納の許可が取り消される**こともあり得ます。将来見込める収入をしっかり検討してから結論を出さなければなりません。

　これらの事情を十分考慮したうえで物納を考えるべきです。物納を選ぶならば、**相続財産の中に物納できる財産があるかどうかを調べて、物納に使うことができるように整備しておく必要があります**。

まとめ　《「延納」と「物納」》

- ●「延納」は、相続人に金銭で相続税を納付することが困難な事由がある場合に、一定の額を限度として分割払いが認められる納税方法
- ●延納には利子税がかかる
- ●「物納」は、延納によっても金銭で納付することが困難な場合にのみ許可される納税方法。選択の順番は、①金銭で一括納付、②延納、③物納

第6章

② 「延納」の活用と条件

● 延納が許可されるために必要なもの

政 子 私の相続税の場合、息子たちは一括納付ができそうにないので延納にしようと思うのですが、具体的にはどのように検討すればよいのでしょうか。

税理士 息子さんご自身の財産も含めて、金銭で納付することが困難かどうかで判定されます。相続税の納付期限までに納付可能な金額を納付したうえで、残りの額に延納が認められるわけですが、納付期限までに納付が可能な額は、自由に決められるわけではありません。そのときに**所有している現預金・換価が容易な財産の合計額から当面必要な生活費・事業運転資金等を差し引いた金額**が納付期限までに納付が可能な額と見なされます。相続財産と相続人固有の財産を含めて、払える範囲のものは徹底して払うことになります。自分の裁量で、この預金は残しておこうといったような自由はききません。したがいまして、納税に充てることができる財産を事前に洗い出しておくことが必要になります。

政 子 息子が持っている預金の額も関係してくるのですね。想像していたよりも厳しいですね……。

税理士 息子さんの預貯金なども洗い出す必要があるうえ、当面必要となる生活費などもしっかりと根拠を示して見積もり、計算しなければなりません。

政 子 当面の生活費はどのように計算するのですか。

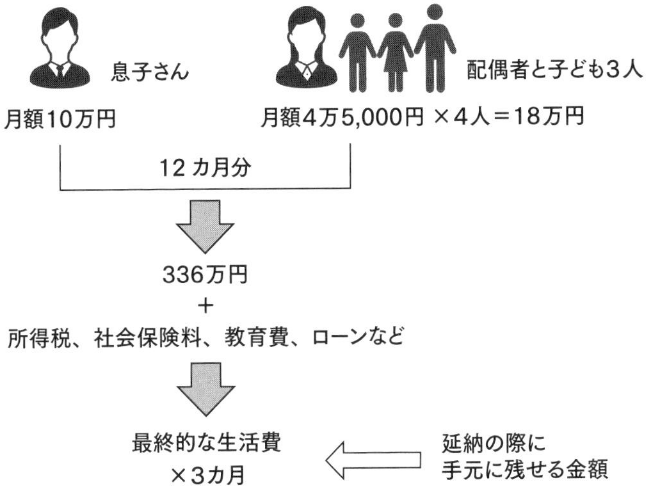

息子さん　　　　　　　　　　　　配偶者と子ども3人

月額10万円　　　　月額4万5,000円×4人＝18万円

12カ月分

336万円
＋
所得税、社会保険料、教育費、ローンなど

最終的な生活費　　　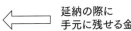　延納の際に
×3カ月　　　　　　　　　　手元に残せる金額

図5　延納の際に手元に残せる金額

税理士　息子さんご本人は月額10万円、息子さんの**配偶者や**
お子さんはそれぞれ月額4万5,000円で1年分の仮の生活費
を計算します。息子さんの家族構成が配偶者と子ども3人だ
とすると、10万円×12カ月＋4万5,000円×4人×12カ月で、
336万円となります。**この金額に所得税や社会保険料などの**
金額、教育費、ローンの支払額などを加算して最終的な生活費
を計算します。この**最終的な生活費の3カ月分が延納申請の際**
に手元に残せる金額となります（**図5**）。仮に、所得税等の金額
および教育費などの金額が500万円だったとして、先ほどの
336万円に加えると、息子さん世帯の最終的な生活費は836
万円となります。この3カ月分ですから、836万円×3／12
＝209万円が延納申請の際に息子さんの手元に残せる金額と

いうことになります。ただし、息子さんの配偶者に収入がある場合はその収入に応じて手元に残せる金額はさらに少なくなります。

政　子　手元に残せる金額の計算方法まで具体的に決められているのですね。驚きました。

税理士　ちなみに、延納申請する際に、先ほどご説明したような内容を記載した「**金銭納付を困難とする理由書**」という書面を税務署に提出することになります。

● 延納には担保が必要

政　子　延納を認めてもらうまでの道のりは、想像していたよりも大変だということが分かりました。これまでのお話以外にまだ何か条件はありますか？

税理士　はい。延納を認めてもらうには、**税額に対応する担保を提供**する必要があります。

政　子　担保が必要なのですね。何を担保にすればよいのでしょうか？

税理士　相続財産の中から税額に見合う額のものを担保に提供するケースが多いですが、相続した財産に限らず、**相続人である息子さん固有の財産**や、**共同相続人であるもう１人の息子さん固有の財産**、また、**第三者が所有している財産であっても担保として提供できます**。政子さんの場合には該当しないかもしれませんが、**延納税額が100万円以下で、かつ、延納期間が３年以下である場合には担保を提供する必要はありません**。

政　子　担保にする財産は意外と自由に決められるのですね。

税理士 たしかに自由度は高いですが、財産の種類に制限があります。担保にできる財産は、①国債および地方債、②社債その他の有価証券で税務署長が確実と認めるもの、③土地、④建物／立木／登記される船舶などで、保険に付したもの、⑤鉄道財団や工場財団など、⑥税務署長が確実と認める保証人の保証──に限られます（国税庁のホームページを参照）。通常は土地などを担保にされる方が多いですね。

🔵 延納期間と利子税

政　子 延納が認められても、その後の支払いに利息が発生するというお話ですが……。

税理士 正確には、利息ではなく利子税というものがかかってきます。これは、銀行から借り入れた場合の月々の返済額に元金だけでなく利息が含まれていることと同様の性質のものです。銀行からの借入金の場合は返済が進んでいけば支払う利息額は減っていきます。延納の場合も同様に、**初年度の支払い額が最も大きく、延納をしていくうちに支払い額は減っていきます。**息子さんご自身が将来の収入の見通しを立てて、当初数年間の資金的な余裕が見込まれるかどうかを検討していただくことになります。

🔵 延納が認められるまでの期間

政　子 延納を申請して認められるかどうかはいつごろ分かるのですか？

税理士 通常は、延納の申請期限から３カ月以内に許可または

却下の結果が通知されます。ただし、担保などの状況によっては、許可または却下までの結果の通知期間が最長で6カ月まで延長される場合があります。

> **まとめ** 《延納の条件》
> ● 延納では、相続税の納付期限までに納付可能な金額を納付したうえで、残りの額に延納が認められる
> ● 延納の場合、相続財産と相続人固有の財産を含めて、払える範囲のものは徹底して払うことが前提。また、「金銭納付を困難とする理由書」を税務署に提出する
> ● 延納を認めてもらうには税額に対応する担保を提供する必要がある

③ 「物納」を利用するために

● 物納には事前準備が必須

政　子　延納でも金銭で納付ができない場合に、初めて物納を選ぶことができるのですね。そうしますと、物納を認めてもらうにはかなり厳しい道のりがあるのでしょうね。

税理士　現状では、物納に至るケースはかなりまれになっています。この要因の一つに、平成18年に行われた税制改正があります。これによって**物納の審査期間が法律で決められ、審査で却下された場合の再申請が一回しか認められなくなりました。**物納申請が始まると、待ったなしの状態になります。事前準備

や覚悟が必要な制度といえるでしょう。このことから、物納は利用しづらいという声も聞かれます。

政　子　やはり使いにくい制度なのですね。

税理士　たしかに使いにくい制度ともいえますが、以前に比べて手続きが迅速に進められるようになった面もあります。以前は、物納申請から実際に収納されるまでに何年もかかる事態が常態化していたことから、とりあえず物納申請をして、その後に必要な整備を行うといった手法が常套手段でした。今は**物納申請後すぐに審査が始まり、書類の不備などがあればすぐに修正が求められ、それが指定された期限内にできなければ物納を取り下げたとみなされます。**厳しくなったともいえますが、事前にしっかり準備をしておけば、短期間で決着がつくようになったと捉えることもできます。ただし、**相続開始から10カ月以内という短い期間で準備をするのは大変困難ですから、生前に物納財産の準備をしておいたほうがいいでしょうね。**

● 物納が認められるまで

政　子　物納が認められるまでにどれくらいの日数がかかるのですか？

税理士　まず、**物納申請を相続開始後10カ月以内にしなければなりません。**その後、**物納の申請期限から3カ月以内に税務署長が審査した結果、許可または却下を決定する**ことになっています。申請財産の状況によっては、許可または却下までの期間が9カ月まで延長される場合もあります。

● 延納によっても納付が困難な金額はいくら？

政　子　物納が認められる金額はいくらになるのでしょうか？

税理士　物納は、延納によっても金銭で納めることができない場合に認められる制度ですので、**物納で納めることができる金額は、延納によっても納めることができない金額**と言い換えることができます。つまり、延納によって納めることができる金額を計算すれば、その金額を超える部分に物納が認められるということになります。延納によって納めることができる金額は、**相続人である息子さんの年収から1年分の生活費等（事業経費を含む）を差し引いた額に延納年数（最長で20年）を掛けた金額**になります。息子さんの年収を仮に1,000万円だとすると、延納の説明をしたところで計算した生活費等836万円を差し引いて、延納期間20年を掛けると、3,280万円が延納で納めることができる額となります。この金額を超える税額は物納によって納めることが可能な金額になります。

● 物納に充てることができる財産

政　子　物納に充てることができる財産は、延納のときの担保のように自由に選べるのでしょうか？

税理士　物納に充てることができる財産は、**相続によって取得した財産に限られます**。相続以前から相続人が持っていた財産は物納できませんし、第三者の財産は当然ながら物納に充てることは認められません。また、物納申請は相続税の申告期限までにしなければならないため、**未分割財産は物納することがで**

第一順位	不動産、船舶、国債証券、地方債証券、上場されている社債、株式、証券投資信託および投資有価証券の受益証券等
第二順位	非上場の社債、株式、証券投資信託または貸付信託の受益証券等
第三順位	動産

表5　物納に充てることができる財産の順位

きません。

政　子　延納のときの担保と比べるとかなり制約があるのですね。

税理士　そうなのです。しかも、相続財産のうち**日本国内にあるものに限られます**し、**物納に充てることができる財産の種類に順位があります**（表5）。第一順位が、不動産、船舶、国債証券、地方債証券、上場されている社債、株式、証券投資信託および投資有価証券の受益証券等、第二順位が、非上場の社債、株式、証券投資信託または貸付信託の受益証券等、第三順位が動産となります。相続人である息子さんが、物納に充てたい相続財産よりも上の順位の相続財産を所有していた場合、順位を飛び越してそれを物納に充てることはできません。

政　子　物納する財産に順番までつけられているのですね。相続財産からしか選べないとして、物納できない財産はほかにありますか？

税理士　**管理処分不適格財産**というものがあります。細かく言うとたくさんあるのですべてはお話できませんが、**担保権が設定されている不動産や境界が明らかでない土地などトラブルを抱えている財産は物納できない**とされています。

　一方で、**物納劣後財産**というものもあります。これは物納で

きない財産ではないのですが、ほかに物納に充てるべき適当な財産がない場合に限って物納を認めてもらえる財産となります。具体的には、法令に違反して建築された建物およびその敷地や保安林として指定された区域内の土地、また、事業の休止をしている法人に係る株式の株券なども物納劣後財産に該当します。

　物納を検討する場合、生前に財産をめぐるトラブルを解消しておくなど、事前準備が重要です。

政　子　事前準備が大切である意味が分かりました。

```
┌─────────────────────────────────────────┐
│ 【まとめ】 《「延納」と「物納」》                         │
│ ●延納によっても納めることができない金額は、物納で納       │
│ 　めることができる                                │
│ ●物納では相続開始から 10 カ月以内に申請をするため、       │
│ 　生前に物納財産の準備をしておく必要がある              │
│ ●物納に充てることができる財産の種類には順位がある         │
└─────────────────────────────────────────┘
```

④ 延納から物納への変更制度

● 「特定物納制度」の3つの変更条件

政　子　最初は延納ができると思って始めても、実際には後々支払い続けることができなくなるかもしれません。そういうときに、途中から物納に変更することはできないのでしょうか？

税理士　当初は延納するつもりで、延納の許可を受けたとしても、延納を続けることが難しい状況になることもあり得ます。

そういったときのために、延納から物納への変更制度があります。これを「**特定物納制度**」といいます。

政　子　実際に延納から物納へ変更するにはどのような条件があるのですか？

税理士　3つの条件があって、それらすべてを満たさなければいけません。具体的には、①**申告期限から10年以内であること**、②**物納できる財産があること**、③**延納条件の変更を行っても延納が困難であること**——です。

● 物納へ変更するメリットとは？

政　子　物納に変更した場合のメリットはありますか？

税理士　先ほどの条件をクリアすることが前提ですが、たとえば、**相続した不動産などが値上がりした際は、物納への変更が有利に働く**かもしれません。通常の物納の場合は、相続税の計算をするときに使った価格で収納されます。延納から物納へ変更する場合の収納価額は申請時の価額なので、値上がりしていればそれが反映されます。不動産の用途が変わった場合、たとえば、相続発生時には賃貸アパートが建っていて、現在は更地になっているような場合、低い評価額で相続税を負担し、高い価額で物納できる可能性があります。

● 物納へ変更するデメリット

政　子　では、物納に変更する際のデメリットや注意点はありますか？

税理士　所有不動産の時価が高くなったら物納が有利になると

お話ししましたが、物納申請した不動産が実際に売れ、相続税評価額以上の手取額がある場合には、申請を取り下げて金銭で納付するほうが有利になります。ここで注意しなければならない点は、通常の物納とは違い、**延納から物納に変更する場合、物納の許可後には物納の撤回ができない**ということです。許可または却下が決定されるまでは、物納申請を取り下げることができますが、許可後は申請どおりに物納する以外に道はありません。なお、物納申請を取り下げた場合は、延納中の状態に戻ります。

政　子　延納から物納に変更しようとするときも、物納しようとする財産の状況をしっかり考えないといけないのですね。そこで少し気になったのですが、自宅を息子が受け継いでくれた場合の自宅土地や賃貸物件に、小規模宅地の特例を使うことができると思います。こういった特例と物納との関係はどうなりますか？

税理士　通常の物納で、小規模宅地の特例を適用した土地を物納する場合、**小規模宅地の特例適用後の低い評価額で収納**されます。相続税は小規模宅地の特例を使った低い価額で、物納は通常の高い価額で計算するということはできません。また、**延納から物納への変更の場合、小規模宅地の特例を適用した財産は物納に充てることができません**ので注意が必要です。

🔘 節税対策が裏目に出ることもある

政　子　そういえば、現在未利用の土地を所有しています。面積が小さいものですから未利用なのですが、最近、不動産業者

166

が相続税対策のために賃貸物件を建築するように熱心に勧めてきます。この土地は使っていないので物納に充てることも選択肢の一つに考えています。いかがでしょうか?

税理士 たしかにアパートを建築すれば「貸家建付地」として土地の評価額を下げることができます。また、アパート建築のために**借入れをすれば債務控除によって相続税額を下げることができますから、節税に成功したように見えます**。しかし、借入れをするために土地に抵当権を設定してしまったとすると、その土地は管理処分不適格財産となりますから物納はできなくなります。アパート建築によって、相続税額をゼロもしくは支払うことができる程度まで減額できればよいのですが、依然として一括納付が困難な税額だとすれば、**節税対策が裏目に出る**ことになりかねません。一括納付が困難な場合延納することになるでしょうが、**延納しつつ借入金の返済もすることは過重な負担**となりかねません。仮に、その不動産に抵当権を設定しておらず、物納に充てることができたとしても、**物納によって収入が減少した状態で借入金の返済を継続できるか**どうかも問題になります。節税対策と納税対策は必ずしも一致しませんから、総合的に考えて対処することが重要になります。

まとめ 《「延納」から「物納」への変更》

● 延納から物納へ変更する制度を「特定物納制度」という

● 特定物納制度を利用する3つの条件は、①申告期限から10年以内であること、②物納できる財産があること、③延納条件の変更を行っても延納が困難であること

- 延納から物納に変更する場合、物納の許可後には物納の撤回ができない
- 延納から物納へ変更した場合、小規模宅地の特例を適用した財産は物納に充てることができない

⑤ 空き家の譲渡所得に 3,000万円特別控除の特例

● 譲渡所得から最高で3,000万円を控除してくれる特例

政　子　ご承知のとおり、息子たちは独立して、現在私は一人暮らしです。私にとっては思い入れのある家ですので、できれば息子に引き継いでもらいたい気持ちはあります。しかし、息子たちにもそれぞれの生活があるので、無理に押し付けるよりは売却して相続税の納税資金にしてもらうのもいいのかもしれないと思い始めています。しかし、売却するとなると所得税がかかりますよね。所得税を負担してまで売却することについて、どのように思われますか。

税理士　たしかに、相続した財産を売却すると高額の所得税が課税されることが多いのですが、政子さんのケースですと、**「被相続人の居住用財産（空き家）に係る譲渡所得の特別控除の特例」**が使えます。これは、空き家を相続して**平成28年4月1日から令和5年12月31日までの間に売却した場合に、譲渡所得から最高で3,000万円を控除してくれる特例**です。

🔵 3,000万円控除を受けることができる居住用家屋とは

政　子　自宅を息子が相続した後に売却しても、所得税がかからない可能性があるのですね。具体的にはどのような条件があるのでしょうか。

税理士　まず、**被相続人が一人暮らし**でなければなりません。相続の開始の直前に被相続人と同居している人がいなかったことが条件になります。政子さんの場合、この条件はクリアできそうですね。

政　子　はい。息子たちは仕事の関係で他県に住んでいますので、同居は難しいと思います。また、ほかに一緒に住む可能性がある親族もいません。

税理士　次に、**昭和56年5月31日以前に建築された建物と**その**敷地**が特例の対象になります。しかも、**区分所有建物登記**[*1]**がされている建物は除外**されます。つまり、分譲マンションは対象外で、一戸建ての家屋が対象です。

政　子　わが家は昭和54年に建築した戸建て住宅ですので問題なさそうですね。

🔵 相続の開始から譲渡のときまでずっと空き家

税理士　売却する際には、①建物を取り壊して敷地のみを売却する、②建物について耐震基準を満たすように耐震リフォーム

---

*1　区分所有建物登記…分譲マンションなどのように、一棟の中にある各部屋を独立して利用できる建物を「区分所有建物」と呼ぶ。各部屋の所有者が個別に登記を行うことができる。

をしてから売却する、③もともと耐震基準を満たしている建物はそのまま売却する、という3パターンが考えられます。いずれの場合も、相続開始から譲渡のときまで、建物および敷地を事業の用、貸付の用、居住の用に供してはいけません。つまり、**相続の開始から譲渡のときまでずっと空き家にしておかなければなりません**。こういった使用状況を明らかにするため、自宅がある市区町村から「**被相続人居住用家屋等確認書**」の交付を受け、所得税の確定申告書に添付しなければいけません。被相続人居住用家屋等確認書は、売買契約書の写し、電気もしくはガスの閉栓証明書、使用状況が分かる写真、固定資産税の課税明細書の写しなどを提出して申請し、交付を受けます。

● 相続から3年以内に売却

政　子　かなり昔に相続した自宅でも、平成28年4月1日から令和5年12月31日までの間に売却すれば特例が適用できるのですか？

税理士　いいえ。**相続の開始があった日から3年目の年の12月31日までに売る**ことが条件としてありますので、10年前に相続した自宅を今売ったからといって、この特例の適用はありません。

● 売却代金が1億円を超えるものには適用されない

政　子　こうして伺うと、細かい条件がたくさんあるのですね。

税理士　はい。基本的には、一人暮らしをしていた古い戸建て住宅には適用できるのですが、かなり大きな控除が見込めます

ので、細かい条件がそれなりにあります。まだいくつかありますのでもう少しお付き合いください。

　自宅の所在地が都心であった場合などで可能性があるのですが、**建物および土地の合計売却代金が1億円を超えるものには3,000万円の控除は使えません。** 2回以上に分けて売却した場合や、共有者が売却した場合には注意が必要です。一定期間内に**分割して売却した場合や共有者が売却した場合には、これらすべての売却代金を合計して1億円を超えるかどうかを判定**します。共有者の売却代金を考慮せずに特例を適用して、結果として売却代金の合計額が1億円を超えてしまった場合、修正申告と納税の必要があります。ほかの相続人の動向にも注意を向けることが大切です。

● ほかの特例の適用との関係など

政　子　自宅の売却代金が1億円を超えることは想定できないので、私の場合その心配はないとは思います。ほかに何か条件はありますか。

税理士　相続した財産を売却する場合の、ほかの所得税の特例との関係に気をつけなければなりません。相続税額の一部を取得費に加算して譲渡所得を計算できる、いわゆる取得費加算の特例がありますが、**空き家に係る譲渡所得の特別控除の特例は、取得費加算の特例との選択適用**となります。空き家に係る譲渡所得の特別控除の特例を使ったほうが、多くの場合有利になります。

　最後に、売却先に注意してください。**親子や夫婦など、特別**

第6章

な関係がある人に対して売った場合、この特例は適用できません。特別な関係には、生計を一にする親族、家屋を売った後その売った家屋で同居する親族、内縁関係にある人、特殊な関係のある法人なども含まれます。

政　子　とりあえず、息子たちも身内に売却することは考えていないでしょうから、大丈夫そうですね。今後しっかりと検討する必要がありますが、私の死後、延納や物納をしなくても相続税の納税ができる可能性が見えたことは救いでした。ありがとうございました。

まとめ　《被相続人の居住用財産に係る譲渡所得の特別控除》

- 被相続人の居住用財産（空き家）に係る譲渡所得の特別控除の特例では、空き家を相続して平成 28 年 4 月 1 日から令和 5 年 12 月 31 日までの間に売却した場合に、譲渡所得から最高で 3,000 万円を控除してくれる

- 相続の開始から譲渡のときまで継続して空き家にしておく必要がある

- 相続の開始があった日から 3 年目の年の 12 月 31 日までに売ること

- 建物および土地の合計売却代金が 1 億円を超える場合には適用されない

- 親子や夫婦など、特別な関係がある人に対して売った場合は適用されない

生前贈与に係る問題や 有効な生前贈与のための 特例など

生前贈与に悩む友恵さん

1 そもそも贈与とは？

友恵さんは今年喜寿（77歳）を迎えました。子ども3人と孫7人にお祝いをしてもらい、幸せをかみしめていた矢先、体調を崩し1週間ほど入院しました。

地元で中規模の建設会社を経営していた夫は8年前に他界し、現在は長男が会社を承継して堅実な経営をしています。夫からの相続では、長男が会社の株式を、二男と三男が少しの預貯金を相続し、それ以外を友恵さんが相続したので、それなりの金額の預貯金や不動産などが友恵さん名義になっています。入院を機に、そろそろ自分の相続を見据えて今のうちに次の世代に財産を贈与したほうがよいのではと考え始めています。

相談者 友恵さん（77歳）。夫は8年前に他界し、一人暮らし。3人の息子と7人の孫がおり、財産や住宅購入資金、教育資金などを生前贈与したいと考えている。

● 名義預金は相続財産になってしまう？

友　恵 体調を崩してから、子どもや孫へ財産を移すことを考えるようになりました。不動産は金額が大きくなるので、動かしやすい預金から手をつけようと思っています。手始めに、孫名義の口座を作ってそこに私の口座からお金を入れようと思うのですが。

税理士 そのことをお孫さんは知っていらっしゃいますか。

友　恵 いえ、まだ何も話していません。とりあえず子どもと相談してから話を進めようと思っていました。

税理士 それは**名義預金**だと指摘される可能性がありますね。

友　恵 名義預金って何ですか？

税理士 名義預金というのは、**親族名義になっていても実態は被相続人の預金**というものです。たとえば、お孫さん名義になっているけれど、実態はおばあちゃんの預金といったものです。**お孫さんにあげたつもりでいても、いざ相続が発生した場合おばあちゃんの財産として相続税を徴収されてしまう**可能性があります。

　実際に、相続税の申告をした後に税務署が調査に来た際、子どもが全く知らない子ども名義の定期預金が存在し、定期預金の更新手続きに係る書類の筆跡がお父さんのものだったという事例がありました。こういった場合、たしかに子ども名義の口座になってはいますが、実態はお父さんの預金であると認定されて相続税が課税されてしまいます。

　そもそも**贈与とは、一方が自分の財産を無償で相手に与える意思を表し、相手もそれを受諾すること**ですから、子どもが存在を知らない預金などは、初めから贈与が成立しておらず、名義が子どもになっているだけで実際には父親の預金であるとみなされるのです。

友　恵 私の財産ではなく、きちんと孫の財産にするためにはどうしたらいいのでしょうか？

● きちんと契約書を作りましょう

税理士　まずは、あげる側（贈与者）ともらう側（受贈者）の意思疎通ができていないといけません。もらう側が知らない場合、生前贈与はそもそも成立していません。逆に、あげる側ともらう側の意思が合致していれば生前贈与は有効に成立しています。そのうえで、**双方で贈与契約書**[*1]**を取り交わしてください。そして契約書どおりに実際に贈与を実行してください。贈与した後、その財産はもらった人が管理する**ようにします。『贈与はしたけれど通帳とハンコはおばあちゃんが管理しておくわね』という状態は避けていただいたほうが賢明です。また、その後**の財産の扱いについて不必要に介入するのも避けてください。**『苦労してためたお金だから1円たりとも引き出してはいけません』というような強要は悪影響を及ぼすことがあります。

　ポイントは、**①あげる側ともらう側の意思の合致**と、**②贈与の後は、もらった側に管理を任せる**ことです。

友　恵　あげる側ともらう側の意思疎通ができていても契約書は必要なのでしょうか？

税理士　ご指摘のように、口約束でも民法上は適法に贈与が成立しています。それにもかかわらず**贈与契約書の作成をお勧めしているのは、税務調査に対応するため**です。贈与契約書がない贈与に関しては税務調査で問題になることが多いため、先手

---

*1　**贈与契約書**…贈与があったことを客観的に示す書類。主な記載項目は、贈与者と受贈者の住所と氏名、贈与を行った日付、誰から誰への贈与か、贈与したもの、金銭の場合は金額、など。

を打っておきましょう。もし税務調査で否認されてしまうと、贈与したつもりだったのに相続財産に加えることになり、せっかくの努力が水の泡になってしまいます。ちなみに、『贈与税の申告書を税務署に提出していれば証拠になるだろう』と言われることがありますが、**贈与税の申告書は贈与が成立していることの証拠にはなりません**。税務署に申告しているのだから大丈夫だろう、とは思わないほうがいいと思います。

友　恵　それでは、贈与するたびに贈与契約書を作成しなければならないのでしょうか。何年分かをまとめた契約書を作ってはいけませんか？

税理士　たとえば、10 年分の贈与についてまとめた贈与契約書を作った場合、最初の年に 10 年分の贈与を受けた扱いになり、多額の贈与税を納めることになってしまいますので、手間がかかっても、贈与の都度、贈与契約書を作成してください。

🔵 過去の贈与については確認書で対応

友　恵　すでに贈与をしてしまっていて、贈与契約書を作成していない場合は取り返しがつかないのでしょうか？

税理士　過去に行われた贈与ですから、今さら贈与契約書を作成するわけにはいきません。こういったご相談をよく受けるのですが、私がお勧めしているのは**過去の贈与についての確認書を作成する**ことです。贈与契約書と同様の効果を得ることができるわけではありませんが、税務調査対策として作っておくべきです。税務調査の場面で重要になるのは**贈与した当時の事実関係**です。贈与した事実がないのに確認書だけ作っても全く意

第
7
章

味がありません。当時の事実関係を保全するために確認書を作成する、という意識で実行していただければと思います。また、贈与した人が存命中でなければ確認書は作成できないので、もし過去に契約書を交わしていない贈与があれば速やかに確認書を作成されることをお勧めします。

> **まとめ** 《贈与と贈与契約書》
> ● 贈与とは、一方が自分の財産を無償で相手に与える意思を表し、相手もそれを受諾すること
> ● あげる側ともらう側の意思が合致していれば生前贈与は有効に成立する
> ● 税務調査に対応するため、贈与契約書を作成する
> ● 過去の贈与については確認書を作成する

② 贈与と相続、どっちがおトク?

● 同じ金額の財産を相続しても相続税額が異なる

友　恵　贈与をするときはきちんと贈与契約書を作る必要があることは分かりました。そこでちょっと気になったのですが、そもそも生前に贈与で受け取るのと、放っておいて相続で受け取るのではどちらがいいのでしょうか?

税理士　相続財産の構成や相続人同士の人間関係なども絡みますので一概にどちらがいいとは言いづらいのですが、相続税や贈与税の基本的な仕組みを理解しておけば、今後の贈与を考え

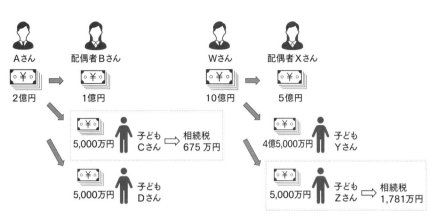

Aさん　　配偶者Bさん　　　　Wさん　　配偶者Xさん
2億円　　1億円　　　　　　10億円　　5億円

5,000万円　子ども　⇒　相続税
　　　　　Cさん　　675万円

4億5,000万円　子ども
　　　　　　Yさん

5,000万円　子ども
　　　　　Dさん

5,000万円　子ども　⇒　相続税
　　　　　Zさん　　1,781万円

図6　相続財産の総額が違えば相続税の金額が異なる

るうえでの材料になると思います。

　まず押さえていただきたいのは、**全く同じ金額の財産を相続しても、相続財産の総額が違えば相続税の金額が異なる**という点です。相続人が配偶者と子ども2人というケースで考えてみましょう。Aさんは2億円の財産を持っていました。そのうちの1億円は配偶者Bさんが、残りの1億円は子どものCさんとDさんが5,000万円ずつ相続しました。このときCさんにかかる相続税は675万円です。これに対して、Wさんは10億円の財産を持っていました。そのうち5億円を配偶者Xさんが、4億5,000万円を子どものYさんが、5,000万円を子どものZさんが相続しました。このとき子どものZさんにかかる相続税は1,781万円になります（図6）。**同じ5,000万円を相続しても、Cさんは675万円の相続税、Zさんは1,781万円の相続税となり、同額の財産を相続しても、相続財産全体の金額が多いほうがたくさんの相続税がかかる**ことになります。

友　恵　同じ 5,000 万円を相続しても、そんなに相続税が違うのですね。どうしてそんなことが起きるのですか？

税理士　相続税は、相続財産全体から基礎控除額を引いた金額をいったん法定相続分で分けて各々の税額を計算し、各々の税額を合算して相続税の総額を算出します。そして、相続税の総額に実際に相続した財産が全体に占める割合を掛けて各自の税額を計算することになっています。**相続財産全体の金額が多いほど高い税率のランクで計算される部分が多くなる**ため、同じ金額を相続しても税額が違うという現象が起きます。

● 生前贈与と相続ではどちらが有利？

友　恵　相続財産の総額を小さくしたほうが、同じ金額を相続したときの相続税額を小さくできるということですよね。とすれば、できるだけ贈与をして相続財産を減らしたほうがいいということになります。しかし、贈与をしても贈与税がかかりますよね。それはどう考えればよいのでしょうか？

税理士　イメージをつかんでいただくために、**相続財産 3 億円、相続人は子ども 2 人のケース**で考えてみたいと思います。全く生前贈与を行わずにそのままの状態で相続が発生した場合、6,920 万円の相続税がかかります。もし、子ども 2 人それぞれに 1,000 万円を 10 年間贈与した場合、子ども 2 人にかかる贈与税は、10 年間で 3,540 万円になります。そのうえで相続が発生したとすると（3 年以内の贈与加算は考慮していません）、相続税は 770 万円になります。10 年間の贈与税と相続税を合算すると 4,310 万円の税金がかかることになります。**何もせずに**

相続を迎えた場合と、生前贈与を 10 年間続けた場合を比べると、贈与をしたほうが2,610万円税金が少ない計算になります。

友　恵　今までのお話を総合すると、贈与をしたほうがいいように感じます。お話していただいた例は贈与をしたほうが得になるケースでしたが、逆に贈与をしたほうが損になるケースはないのでしょうか。

税理士　贈与をしたほうが損になるケースもあります。極端な話をしますと、**相続財産が基礎控除以下で相続税がかからない方が生前贈与をされますと、贈与税分ほど損になります。**そのまま相続が発生するまで放っておいたら無税で受け取れたのに、贈与をしたせいで贈与税を支払わなければならなくなります。まずは相続税がかかるほどの相続財産があるのかどうかを確認する必要があります。そのうえで相続税がかかる場合、贈与税の税率と相続税の税率を比べることになります。

友　恵　相続税がかかる場合、単純に贈与税の税率とどちらが高いかを比べればいいのですか。

税理士　残念ながらそういうわけにはいきません。まず、相続税と贈与税の税率構造を理解する必要があります。**相続税は「限界税率（課税の際に適用される一番高い税率）」、贈与税は「平均税率（贈与額に対する税額の比率）」という考え方になるため、単純な税率の比較では正しい結論が出てこないのです。**

生前贈与における相続税と贈与税の比較

　たとえば、1,000万円の生前贈与を検討していたけれど、実際には行わないまま相続を迎えた場合で考えてみましょう。相続人は子ども1人とします。

　①相続財産の総額が6,000万円の場合、基礎控除額を除いた後の金額が2,400万円ですので、相続税の税率は15％のランクになります。1,000万円の生前贈与を実行したら、1,000万円×15％＝150万円相続税の総額が減少します。**生前贈与をした場合に減少する相続税の税率（限界税率）は15％**ということになります。一方、1,000万円の生前贈与をした場合に係る贈与税は**基礎控除額110万円**を引いた890万円に30％の税率を適用しますが、税率が累進構造になっているため、税額は177万円になります。1,000万円の贈与に対して177万円の贈与税がかかるので、実質的な税率は17.7％です。すなわち**生前贈与をした際にかかる贈与税の税率（平均税率）は17.7％**ということになります。この場合、贈与税の税率のほうが高いので、贈与は行わないほうがいいでしょう。

　②同じケースで相続財産の総額が1億円だったとします。基礎控除額を除いた後の金額が6,400万円になりますか

ら、相続税の税率は 30％ のランクになります。1,000 万円の生前贈与を行ったら 1,000 万円 × 30％ ＝ 300 万円相続税が減少します。よって、**生前贈与をした場合に減少する相続税の税率（限界税率）は 30％** ということになります。これに対して、1,000 万円の生前贈与をした際に係る贈与税額は①と同様に 177 万円ですから、**生前贈与をした際にかかる贈与税の税率（平均税率）は 17.7％** ということになります。この場合、贈与税の税率のほうが低いですから、贈与をしたほうがいいことになるでしょう。

　このように、**生前贈与を行った場合の相続税と贈与税の実質的な税率を比較することが大切**です。

- -

> **まとめ** 《生前贈与と相続の比較》
> - 全く同じ金額の財産を相続しても、相続財産の総額が違えば相続税の金額が異なる
> - 何もせずに相続を迎えた場合と、生前贈与を数年間続けた場合を比べると、生前贈与をしたほうが税金が少なくなるケースもある
> - 相続財産が基礎控除以下で、相続税がかからない人が生前贈与をした場合、贈与税分程度の損をすることになる

第7章

3 相続時精算課税制度を活用する

「相続時精算課税」とはどんな制度？

友　恵　生前贈与をする際に、贈与税を払わずに大きな金額の贈与ができる制度があると聞きました。どういった制度なのでしょうか。

税理士　「相続時精算課税制度」のことですね。通常の贈与をした場合、110万円を超える金額については贈与税が課税されます。これに対して、**相続時精算課税制度では、贈与財産の価額が2,500万円以下であれば、贈与税は非課税**となります。2,500万円を超える金額を贈与した場合、超えた部分に一律20％の贈与税が課税されます。2,500万円の**非課税枠は複数年にわたって分割利用できます。**そのかわり、**いったん相続時精算課税制度を選択すると、暦年贈与**[*2]**（1年につき110万円の非課税枠）には戻れません。**

　たとえば、10年かけて2,500万円の非課税枠を使いきったからといって、11年目から通常の暦年課税に戻ることはできないので、相続時精算課税制度を選択する場合は熟慮したうえで判断してください。

　また、相続時精算課税制度はその名前のとおり、相続が発生したときにそれまで行ってきた贈与を精算する制度です。累

[*2]　**暦年贈与**…暦年（1月1日～12月31日）の1年間の贈与額が110万円以下であった場合に、贈与税がかからない制度のこと。毎年、基礎控除額の110万円を非課税で子どもや孫に移譲できるため、被相続人（贈与者）の財産が将来的に減る。相続税対策として有効な方法。

計で 2,500 万円以下であれば贈与税は非課税ですが、いざ**相続が発生したら、相続時精算課税制度を選択した後の贈与財産をすべて相続財産に加算して相続税を計算**します。贈与財産を加算した後の計算は通常の相続税の計算と変わりませんが、**2,500 万円を超える財産を贈与して課税された贈与税については、相続税額から差し引いて相続税額を納めます。**もし過去に納税した贈与税額のほうが大きい場合には、その差額は還付されます。なお、**相続時精算課税制度は贈与をする人ごとの適用になりますから、父親からの贈与には相続時精算課税を活用し、母親からの贈与は通常の暦年課税を利用することもできます。**

● **相続時精算課税制度はどのような人が使えるの？**

友 恵 実際に相続時精算課税制度を使う場合、適用できる人の条件はあるのでしょうか？

税理士 まず、**贈与する側の条件は、贈与する年の 1 月 1 日時点において 60 歳以上の親または祖父母です。贈与を受ける側の条件は、贈与者の直系卑属である推定相続人または孫で、贈与を受ける年の 1 月 1 日時点において 20 歳**（令和 4 年 4 月 1 日以降の贈与については 18 歳）**以上の方です。**平成 27 年以後、贈与者の対象年齢が引き下げられ、受贈者に（代襲相続人でない）孫も加えられました。孫にもこの制度が使えるのはいいことですが、相続発生時点で孫が相続人でない場合でも相続税の計算を行う対象になり、相続税の 2 割加算の対象にもなるので注意が必要です。

友 恵 このような条件をクリアしている場合、具体的にどの

ようにすれば相続時精算課税制度を使えるのですか。

税理士　相続時精算課税制度を適用しようと思っている最初の贈与を受けた年の翌年2月1日から3月15日までの間に、税務署に贈与税の申告書を提出し、その申告書に相続時精算課税選択届出書を添付する必要があります。

⬤ 相続時精算課税制度はどのようなときに活用できる？

友　恵　結局、相続財産に加算されてしまうのであれば、相続時精算課税制度を利用してもあまり意味がないように感じますが、具体的にはどんなメリットがありますか？

税理士　たしかに相続税がかかる方の場合はメリットを感じにくいかもしれません。ポイントとなるのは、**贈与時点の価額で相続財産に加算される**という点です。この特徴は、後述するとおり、**価格が上昇傾向にある財産を贈与する場合に有効に作用**します。

解説 ‥‥‥‥‥‥‥‥‥‥‥‥‥‥ **贈与と相続の基礎知識②**

相続時精算課税制度を使った節税の実際

　価格が上昇傾向にある財産を相続時精算課税制度を使って早期に贈与しておけば、贈与時点での低い価額で相続財産に加算されますので、相続発生時点まで放っておいた場合に比べて相続税額を低く抑える効果が期待できます。対象となる贈与財産は種類を問いませんので、たとえば同族会社のオーナーが自身の保有する自社の株式を息子に贈与

する場合にも使うことができます。その**会社が成長軌道に乗っていて、かつオーナーが高齢である場合、相続時精算課税制度を使って早期に持ち株を後継者に移譲しておくことは節税に有効な手法です。**スムーズな事業承継を行うという点においても非常に意味があります。

　不動産などの収益物件を所有している方の場合にも有効に作用します。収益が期待できる財産を親が所有したまま放置しておくと、親の所得税などが増大するだけでなく、財産が蓄積されて将来的に子どもが支払う相続税額が増大することになります。それらの財産を、相続時精算課税制度を活用して生前に子どもに移譲しておけば、親に蓄積される財産が減り、収益も子どもに帰属します。

　価格が上昇傾向にある財産や収益を生む財産がある場合には相続時精算課税制度は有効に機能しますが、逆に、価格が下降傾向にある財産や収益を生まない財産の場合には不利に働くことになります。この点に十分注意して判断してください。

・・

まとめ　《相続時精算課税制度を利用する》

● 相続時精算課税制度では、贈与財産の価額が 2,500 万円以下であれば贈与税は非課税。2,500 万円を超える金額に一律 20％の贈与税が課税される

● 制度を利用する場合、適用しようと思っている最初の贈

与を受けた年の翌年2月1日から3月15日までの間に、税務署に贈与税の申告書を提出し、その申告書に相続時精算課税選択届出書を添付する

● この制度は、価格が上昇傾向にある財産や収益を生む財産がある場合には有効に機能する。逆に、価格が下降傾向にある財産や収益を生まない財産の場合には不利に働くことになる

④ 家を建てるお金を援助してあげたい

● 住宅取得資金の贈与税が非課税になる制度

友 恵 私には7人の孫がいます。なかには、結婚して家庭を持っている孫もいます。孫が家を購入する際に資金援助をしてあげたい気持ちがあるのですが、多額の贈与税がかかってしまうのは避けたいと考えています。とはいえ、住宅購入に際してはまとまった金額が必要になりますから、何年かに分けて贈与するわけにはいきません。贈与税を払わなくてもいい制度があると聞いたのですが、どういったものなのでしょうか?

税理士 住宅取得資金の贈与を受けた場合の贈与税が非課税になる制度があります。この制度は**直系尊属つまり父母や祖父母からの贈与に使えます**ので、お孫さんに住宅取得資金を贈与する場合に利用できます。現状で、令和5年12月31日までの間の贈与に適用されます。

🔵 住宅取得資金の贈与ではいくらまで税金がかからない？

友　恵　いくらまでの贈与が非課税になるのですか？

税理士　令和4年1月1日以降の贈与に関しては契約の締結時期にかかわらず、省エネ等住宅*³で1,000万円、それ以外の住宅で500万円までの贈与が非課税になります。

友　恵　父母や祖父母からの贈与であること以外に何か条件があるのでしょうか。

税理士　この制度を使うためには、贈与を受ける人の年齢が、贈与を受けた年の1月1日時点において20歳以上（令和4年4月1日以降の贈与については18歳以上）であることや、所得金額の合計が2,000万円以下（床面積が40㎡以上50㎡未満の場合は1,000万円以下）であることなどの条件があります。また、取得する家の床面積が40㎡以上240㎡以下で、床面積の半分以上を住宅として使用していなければなりません（190ページの図7）。

🔵 省エネ住宅に注意‼

友　恵　先ほどのお話からしますと、省エネ住宅を購入する場合、非課税になる金額が大きいのですが、最近の新築住宅は省エネ設計になっているのではないですか？

税理士　省エネ住宅という言葉が独り歩きしているので注意が必要です。たしかに昔と比べれば省エネ設計になっているとは思いますが、ここでいう省エネには、一定の基準があり、それ

---

*3　省エネ等基準や耐震基準などの条件を満たした、省エネルギー対策に優れた住宅。贈与税申告の際には省エネ等住宅であるという証明書が必要。

直系尊属（父母や祖父母）からの贈与に使える

1,000万円の贈与が非課税

省エネ等住宅

・贈与を受ける人の年齢が18歳以上
・所得金額の合計が2,000万円以下
・取得する家の床面積が40㎡以上240㎡以下
・床面積の半分以上を住宅として使用 ──など

図7　住宅取得資金の贈与を受けた場合の贈与が非課税になる制度

をクリアしていなければ省エネ等住宅として認められません。仲介業者さんに省エネ住宅ですと紹介され、しっかり確認せずに購入した結果、条件を満たしておらず、一般の住宅としての非課税枠しか使えなかったというケースもあります。**購入する前に、省エネ等住宅に該当することが証明された書類**（贈与税の申告の際に税務署に提出する書類）**が発行されるかどうかを確認したうえで、契約書にサインする**ほうが安全です。竣工後にトラブルになってもどうしようもありません。実感として、業者さんも知らぬ存ぜぬで通す場合が多いように思います。

● 相続時精算課税と住宅取得資金贈与

友　恵　相続時精算課税制度を選択すれば2,500万円までは贈与税がかからないと教えていただきました。この制度と住宅取得資金贈与に関する非課税制度との併用はできるのでしょうか。

税理士　**相続時精算課税制度の特別控除と住宅取得資金非課税限度額制度は併用できます**。たとえば、令和4年11月に父親から4,000万円、母親から1,000万円の住宅取得等資金の贈与を受け、省エネ等住宅を取得する契約をし、いずれの贈与についても相続時精算課税制度を選択した場合で考えてみましょう。

　この場合、**住宅取得資金非課税限度額は1,000万円、相続時精算課税特別控除額は2,500万円ですから、合計3,500万円までは贈与税がかかりません**。父親からの贈与に住宅取得資金の非課税枠をすべて使った場合、500万円残りますから、これに贈与税率20%を乗じた100万円が納めるべき贈与税となります。相続時精算課税の特別控除額は贈与者ごとですので、母親からの贈与には贈与税がかかりません。また翌年以降に繰り越される特別控除額は1,500万円になります。

友　恵　かなり大きな金額の贈与でも非課税になるのですね。

税理士　ここで注意していただきたいのは、**住宅取得資金贈与の非課税限度額は受贈者1人についての金額**だという点です。

　この例の場合、総額で1,000万円までが非課税になります。両親から贈与を受けたからといって1,000万円の限度額が2倍になったりはしません。父親から受けた贈与に1,000万円の限度額を使うと、母親からの贈与には住宅取得資金の非課税

制度は使えません。父親からの贈与に500万円の非課税枠を使ったとすれば、残り500万円の非課税枠を母親からの贈与に使うことができます。

友　恵　ほかに注意することはありますか。

税理士　住宅取得資金贈与の非課税限度額は、相続税の計算をする際の生前贈与加算の対象外ですが、相続時精算課税制度の特別控除額は相続税の計算をするときに戻ってきますので、その点を承知のうえで贈与を実行する必要があります。また、所得税の住宅ローン控除をお使いになる場合には、**住宅ローン控除額に一定の制約が働く可能性があります**。ほかにも、**新築請負住宅とマンション・建売住宅とでは入居時期に関する条件が異なりますので注意が必要です**。

● 住宅取得資金贈与には年齢制限がない？

友　恵　相続時精算課税制度を使うためには60歳以上の親または祖父母からの贈与でなければならないことを知りました。住宅取得資金の非課税制度には親や祖父母の年齢制限がなかったように思いますが、これら2つの制度を同時に使う場合はどうなるのでしょうか？

税理士　住宅取得資金の贈与を受けた場合には、贈与者がその贈与の年の1月1日時点において60歳未満であっても相続時精算課税制度を選択できます。早い時期から贈与を検討する場合、住宅取得資金贈与から始めてみるのもいいかもしれません。

> **まとめ** 《住宅取得資金贈与の非課税制度を利用する》
>
> ● 父母や祖父母からの贈与に使える、住宅取得資金の贈与を受けた場合の贈与税が非課税になる「住宅取得資金贈与に関する非課税制度」がある
> ● 相続時精算課税制度の特別控除と住宅取得資金非課税限度額制度は併用できる
> ● 住宅取得資金贈与の非課税限度額は受け取った人1人についての金額

5 教育資金、結婚・子育て資金などの贈与について

教育資金一括贈与に対する非課税制度

友　恵　住宅取得資金は人生の中でかなり大きな出費ですが、これ以外に、教育資金も子どもが成人するまではかなりの総額になります。教育資金についても援助したいのですが、贈与税が心配です。

税理士　直系尊属である祖父母や父母が、孫や子に対して、令和5年3月31日までに一括して教育資金を贈与した場合には、1人当たり最大で1,500万円の贈与まで贈与税が非課税になります。

友　恵　かなりの金額まで非課税なのですね。ただし気になるのは、必要な都度に教育資金を援助する場合との違いです。必要になるたびに教育資金を援助する場合には贈与税を意識する

ことがなかったのですが、あえて教育資金の非課税特例を使う場合のメリットは何でしょうか？

税理士　たしかに扶養義務者間で必要な都度支払われる教育資金は贈与税が非課税とされます。他方、教育資金の非課税特例を活用すると、必要な都度ではなく、**翌年分以降も一括して贈与できるため、一度に多額の財産を圧縮できる効果があります。孫やひ孫に贈与する場合は、世代飛ばしとなり相続税を軽減する**効果が期待できます。加えて、金融機関などによる使途のチェックがあるので、**教育資金を受け取った人やその近親者が教育資金以外の目的にお金を使うことを抑止する**効果もあります。

友　恵　金融機関などによる使途のチェックというのは、どういったものなのでしょうか？

税理士　そのお話をするために、手続きの流れを簡略化して説明します。まず、非課税制度の適用を受けようとする受贈者が、**教育資金非課税申告書**を、取扱金融機関の営業所などを経由して所轄税務署長に提出します。そして、受贈者名義の口座に贈与を受けた**教育資金が預け入れられます**。教育資金の支払いに充てた金銭に相当する金額を口座から引き出すに際して、一定期間内に**領収書等を金融機関の営業所などに提出**します。これを繰り返して、**受贈者が30歳に達した時点で使い残しがある場合、その残額分に対して贈与税が課税されます**。

友　恵　なるほど。教育資金以外には使いにくい仕組みになっているのですね。そして、教育資金として使い切らなければ残額に贈与税がかかってしまう。話が前後するかもしれませんが、教育資金の具体的な内容はどういうものですか。

税理士 　学校等へ直接支払うものが対象となります。入学金、授業料、保育料、施設設備費、学用品の購入費、修学旅行費、学校給食費などです。下宿代などは非課税の対象となりませんが、学校等の寮費で、学校等に直接支払われた場合には非課税となる扱いがありますので、個別に判断が必要になります。学校等以外に、たとえば塾や習い事に支払われた教育資金も非課税の対象とはなりますが、非課税枠 1,500 万円のうち、500 万円が上限となりますのでご注意ください。

友　恵 　教育資金贈与の有用性はよく分かりました。もし私が教育資金を贈与した後に死亡した場合、贈与した教育資金が相続財産として舞い戻ってくるようなことはあるのでしょうか？

税理士 　相続開始前 3 年内の生前贈与加算について気にされているのかと思いますが、**教育資金贈与の非課税規定の適用を受けた金額**（すでに教育資金として支出された金額）**については、生前贈与加算の適用はありません。**生前贈与加算を気にすることなく、渡したい人に確実に渡せます。ただし、お亡くなりになった時点で教育資金を使い切っていれば問題ないのですが、その時点で**管理残額があった場合、一定の場合を除いて贈与者から管理残額を相続等によって取得したとみなされて相続税の課税対象**となってしまいます。

　なお、平成 31 年 3 月 31 日以前に拠出されたものについては相続税の課税対象となりません。平成 31 年 4 月 1 日から令和 3 年 3 月 31 日までの間（その死亡前 3 年以内の拠出に限ります）に拠出されたものについては課税対象となります。また、**令和 3 年 4 月 1 日以降に拠出されたものについては相続税の課税対**

象となるだけでなく、受贈者が孫等の場合には相続税額の2割加算が適用されます。

解説 ……………………… 贈与と相続の基礎知識③

教育資金贈与の課税対象（贈与者の死亡時）

贈与者の死亡時に管理残額があった場合の取り扱い

- ・平成31年3月31日までの拠出

  ➡相続税の課税対象とならない

- ・平成31年4月1日から令和3年3月31日までの拠出

  ➡死亡前3年以内の拠出に相続税が課税される

- ・令和3年4月1日以降の拠出

  ➡すべての拠出に相続税が課税される。そのうえ、孫などが受贈者の場合、相続税額が2割加算される

※贈与者の死亡時に、受贈者が① 23歳未満である場合、②学校等に在学している場合、③教育訓練給付金の支給対象となる教育訓練を受けている場合——は管理残額を相続によって取得したとみなされません。②と③の場合は、その旨を明らかにする書類を、贈与者が死亡した旨の届と併せて金融機関に提出しなければなりません。

● 結婚・子育て資金一括贈与非課税制度

友　恵　教育資金以外に、結婚や子育て資金についても贈与税が非課税になると聞いたのですが。

税理士　教育資金と同様に、令和5年3月31日までの間に、**直系尊属**（父母や祖父母）から結婚・子育て資金に充てるため、結婚・子育て資金口座の開設等をした場合には、**最高で1,000万円までの贈与については贈与税が非課税**となります。受贈者（20歳以上50歳未満。※令和4年4月1日以降の取得については18歳以上）は、結婚・子育て資金非課税申告書を取扱金融機関の営業所などを経由して所轄税務署長に提出し、受贈者名義の口座に贈与を受けた結婚・子育て資金を預け入れます。口座から資金を払い出す場合には**取扱金融機関の営業所等に領収書などを提出**しなければなりません。これを繰り返して、**受贈者が50歳に達した時点で使い残しがある場合、その残額分に対して贈与税が課税**されます。教育資金の贈与の場合とかなり似ているといえます。

友　恵　結婚・子育て資金の内容を教えていただけますか。

税理士　**結婚に際して支出する費用**（300万円が限度）**と妊娠、出産および育児に要する費用**が対象となります。合わせて1,000万円までが非課税となります。

友　恵　途中で私が死亡したときはどのようになりますか？

税理士　管理残額がある場合、贈与者からの相続によって取得したとみなされますので、**相続税の課税対象**となります。また、令和3年4月1日以後の拠出に関しては、受贈者が孫などの場

合、**相続税額の2割加算の対象**になります。贈与された金額を
お孫さんが使い切るまで長生きしてくださいね。

まとめ 《教育資金・結婚資金などの贈与の非課税制度》
- 祖父母や父母が、孫や子に対して、令和5年3月31日までに一括して教育資金を贈与した場合には、一人当たり最大で1,500万円の贈与まで贈与税が非課税になる（学校等へ直接支払うものが対象）
- 塾や習い事に支払われた教育資金も非課税の対象となる（非課税枠は500万円）
- 教育資金贈与の非課税規定の適用を受けた金額については、生前贈与加算の適用はない
- 令和5年3月31日までの間に、直系尊属（父母や祖父母）から結婚・子育て資金に充てるため、結婚・子育て資金口座の開設等をした場合には、最高で1,000万円までの贈与については贈与税が非課税となる
- 結婚に際して支出する費用（300万円が限度）と妊娠、出産および育児に要する費用が対象となる。合わせて1,000万円までが非課税

生命保険を活用する

生命保険金の非課税枠の活用

友　惠　これまで、贈与についていろいろと教えていただきましたが、生命保険金の受取人を息子にしておけば、私が旅立ったときに保険金が息子に支払われますよね。贈与と生命保険金はどのようなバランスで考えたらいいのでしょうか？

税理士　相続対策としての生命保険の活用方法はいろいろとあると思いますが、まずは**死亡保険金の非課税限度額をすべて使えているかどうかの検討**が必要です。ほとんどの方は何らかの生命保険に加入されていますが、なかには未加入の方もいらっしゃいます。友惠さんの場合、法定相続人が３人いらっしゃいますので、1,500万円までは相続税が非課税となります。全く保険に加入せずに現預金で所有していた場合、この現預金にはそのまま相続税が課税されますが、**保険商品へと姿を変えることで『500万円×法定相続人の数』分の非課税枠が使えます。**この非課税枠を活用できているかどうかをまず確認したほうがいいでしょう。

友　惠　たしか、息子３人が500万円ずつ受け取れるような保険に加入しているはずですが、確認してみますね。この非課税枠を使う際に注意することはありますか。

税理士　まず、相続税の非課税枠を使うためには**被保険者および保険料負担者が被相続人で、保険金受取人が相続人である**ことが前提です。友惠さんが保険料を負担していて、受け取るの

は息子さんという場合は大丈夫ですが、それ以外の場合は注意してください。たとえば、保険料負担者が息子さんで、友恵さんが亡くなったときに息子さんが保険金を受け取る場合は息子さんに**所得税**がかかります。また、保険料負担者が息子さんで、友恵さんが亡くなったときにお孫さんが保険金を受け取る場合はお孫さんに**贈与税**がかかります。

友　恵　誰が保険料を負担していて誰が保険金を受け取るのかでそんなに差があるのですね。以前から疑問だったのですが、私は夫が亡くなったときに死亡保険金を受け取りました。しかし、配偶者は相続税が免除される特例のおかげで私には相続税がかかりませんでした。そもそも私には相続税がかからない特例があるので、生命保険金の非課税枠は意味があったのでしょうか？

税理士　一般的に保険金の受取人を配偶者にしているケースは多いです。生命保険金の非課税枠分だけ相続財産を圧縮できますし、その結果相続税の総額も少なくなっていますから、生命保険に加入していること自体には意味があります。しかし、ご指摘のように配偶者には税額軽減がありますから、無税で息子さんの納税資金を確保するという意味では**死亡保険金の受取人を息子さんにしておいたほうが非課税枠をより有効に活用**できたかもしれません。また、受取人が配偶者の場合、受け取った死亡保険金が次の相続のときの相続財産として持ち越されてしまうという問題もあります。

　とはいえ、相続財産のなかで預貯金が少ない場合や配偶者固有の財産が乏しい場合などでは、老後の生活保障のために保険

金の受取人を配偶者にしておくことにも意味があります。

● 終身保険で納税資金を準備する

友　恵　近所の奥さまから、相続財産が不動産に偏っていて相続税の支払いが大変だったので、早い時期から生命保険で対策をしておけばよかったという話を聞いたことがあります。

税理士　相続財産が不動産に偏っていて、現金や預金があまりない状態で相続が発生すると、相続税の納税資金に困るケースがあります。長い期間をかけて納税資金を積み立てる方法もありますが、保険加入時に必要額が確保できることや保険金の非課税枠があることを考えると、**一生涯保障が続く終身保険に加入し、支払い方法を有期払い込み**（期間を定めて保険料を払い終える）**にする**という方法も検討すべきでしょう。

　ここで重要なのは、相続財産の額をできるだけ正確に把握し、相続人各人の相続税額を正確に計算することです。そのうえで、各人の相続税額に見合う保険金を設定すべきです。そうでなければ、たとえば、友恵さんが受け取った保険金で息子さんの相続税を払ってあげたりすると、一時的な立替え払いとして認められない場合には息子さんに贈与税がかかることになります。

友　恵　私のように高齢になると、保険に加入することは難しいのではないでしょうか。

税理士　たしかに保険の加入自体ができないケースもありますし、通常は高齢になると保険料が高くなります。逆説的ではありますが、長生きすると保険料の負担が重くのしかかってくるケースもあります。生活が苦しくならない範囲内で保険料を設

定することが重要です。

● 生命保険契約に関する権利の活用

税理士　死亡保険金を活用する方法についてお話ししてきましたが、生命保険契約に関する権利を活用する方法もあります。

　契約者（父）、被保険者（母）、保険金受取人（父）という契約を結んだ後、父が死亡したとします。生命保険契約に関する権利には非課税枠は使えませんので、解約返戻金相当額が本来の相続財産として課税されてしまいます。そこで、母がこの権利を相続し、受取人を子どもにします。すると、**配偶者の税額軽減のおかげで少ない税負担で済み、母の死亡時に子どもに支払われる死亡保険金には非課税枠が使えます。**

友　恵　なるほど。配偶者の税額軽減にはそういう使い方があるのですね。

解説 ‥‥‥‥‥‥‥‥‥‥‥‥ **生命保険活用の基礎知識**

その他の生命保険活用方法

　ほかにも、契約者（父）、被保険者（子）、保険金受取人（父）とする積立型（還付型）医療保険や、解約返戻金がゼロの終身保険、初期の解約返戻金が低額で後々解約返戻金額が上がる保険を活用する方法もあります。相続が発生するタイミングがうまく合えば、少ない税負担で資産を次世代に移転できますが、タイミングが合わなければ効果を発揮できませんし、相続が発生する順番が変わってしまうと

大変な損失を被ってしまう可能性もあります。

　劇的な節税効果を狙うこともときには必要ですが、生命保険本来の機能である保障を確保しつつ、相続発生時に、生命保険金が受取人固有の財産となり、原則として**遺産分割協議の対象外**になるということを基本に考えるほうがいいでしょう。

....

> **まとめ** 　《相続における生命保険の活用》
>
> ● 相続対策として生命保険を活用するには、死亡保険金の非課税限度額をすべて使えているかどうかの検討が必要
>
> ● 預金を保険商品へと姿を変えることで「500万円 × 法定相続人の数」分の非課税枠が使える
>
> ● 相続税の非課税枠を使うためには被保険者および保険料負担者が被相続人で、保険金受取人が相続人であることが前提
>
> ● 終身保険に加入し、支払い方法を有期払い込みにする方法も検討すべき

おわりに

　最後までお読みいただいた読者の皆さまに、心より御礼申し上げます。

　できる限り分かりやすい表現を心がけましたが、日常生活では聞くことのない言葉が多数登場し、困惑される場面があったかもしれません。

　本書は、お近くの税理士さんのところへご相談にいらっしゃる前に、相続財産の金額や相続税がかかるかどうかといったお話をご家族とされる際の一つのツールとしてご利用いただければと思いながら書き上げました。

　相続に関するお話にはとても繊細な側面がありますから、触れたくない思いが先行し、ご家族とお話されることを先延ばしにしてしまいがちです。しかし、人間の寿命は誰にも分かりません。若くして旅立たれる方も多くいらっしゃいます。ご家族にとっては予想だにしていない事態です。思い立ったときが、お話されるベストなタイミングだと日々感じています。

　先日、60代で亡くなられたご主人の相続税の申告書の控えをお届けするため、奥さまのお宅に伺いました。一通りの説明が終わったところで、コーヒーをいただくことになり、台所に立たれた奥さまがコーヒーを淹れながらポツリと呟かれました。

　「ドラゴンボールを集めて帰ってきてくれたらいいのにね」

あまりに実感がこもった言葉に胸がつまりました。私にとって奥さまは親と同じ世代で、息子と同い年の税理士を目の前にして、子どもたちと一緒に見てきたアニメと亡き夫への想いがつながり、つい口から出てしまった、そんな感じでした。

　死は誰にも平等に訪れ、それがいつなのかは誰にも分かりません。相続の話でなくても構いません。ご家族とできるだけたくさんお話をしていただきたいと思います。そんななかで、ご自身の死後に家族にどうしてほしいかといったお話も自然と出てくるはずです。

　私事で恐縮ですが、40歳を越えたあたりから不整脈と診断されたり、健康診断で胃に影が映ったりと、冷や汗をかくシーンが増えてきました。そんなとき、全くもって命に別状はないにもかかわらず、無性に子どもたちに会いたくなりました。

　日常のほんの些細な、でも本人にとってはとても大事な子どもへの想い。こういった想いの蓄積が財産という形に結実するのだとすれば、われわれ税理士が扱っているのは、財産という形に姿を変えた想いそのものだと思っています。

　たしかに税理士は、相続人が財産と一緒に引き継いださまざまな問題をともに背負うことはできません。しかし、被相続人、相続人それぞれの想いを理解しようと努力する姿勢は失わないようにしたいと思っています。

　最後になりましたが、出版の世界に無縁であった私に素晴らしい契機を与えてくださった社会保険労務士の橋岡雅典氏、出版に向けて導いてくださったネクストサービス株式会社の松尾昭仁氏、遅々として執筆が進まない私を温かく見守り続けてく

ださった山中洋二氏、本書のタイトルを含む総合的なアドバイスを頂戴しました合同フォレスト株式会社の松本威氏、本書の構成全般についてご指導いただきました ARP SOLUS の吉田孝之氏に、この場をお借りして心より御礼申し上げます。

　2022 年 9 月

椎野年雅

著者プロフィール

椎野年雅 （しいの・としまさ）

株式会社 椎野会計事務所 代表取締役
椎野年雅税理士事務所 代表税理士
株式会社 ひろしま安芸相続手続支援センター 取締役

1979年広島県呉市生まれ。曽祖父は政治家・弁護士、祖父は税理士と、法律、税務および会計に強い家系に育つ。広島大学大学院社会科学研究科マネジメント専攻修了後、平成22年に税理士登録。開業後、相続の相談が年々増加。3年越しで相続人の心をほぐし、遺産分割協議のテーブルにつかせるなどの経験を積みながら、前年比で3倍以上の件数を取り扱った結果、開業4年目にして相続税申告件数が所属支部でトップクラスとなる。順調に業務を拡大するなかで、相続手続に関する相談に地域で対応することの重要性を認識し、株式会社ひろしま安芸相続手続支援センターを設立。相続税申告の周辺業務も含め総合的なサービスを提供している。顧客側に立った視点で課題解決を行うことから、聞きやすい・相談しやすい税理士として顧客からの信頼は厚く、高い評価を得ている。

企画協力　ネクストサービス株式会社　代表取締役　松尾昭仁
編集協力　吉田孝之
組　　版　GALLAP
装　　幀　ごぼうデザイン事務所
校　　正　藤本優子

うちって相続税がかかるのかしら

対話形式でわかる みんなの相続税　超入門

2023 年 1 月 16 日　第 1 刷発行

著　者　椎野年雅

発行者　松本　威

発　行　合同フォレスト株式会社
　　　　郵便番号 184 - 0001
　　　　東京都小金井市関野町 1- 6 -10
　　　　電話 042（401）2939　FAX 042（401）2931
　　　　振替 00170 - 4 - 324578
　　　　ホームページ　https://www.godo-forest.co.jp

発　売　合同出版株式会社
　　　　郵便番号 184 - 0001
　　　　東京都小金井市関野町 1- 6 -10
　　　　電話 042（401）2930　FAX 042（401）2931

印刷・製本　株式会社シナノ

■落丁・乱丁の際はお取り換えいたします。

ISBN 978-4-7726-6217-8　NDC 336　188 × 130

合同フォレストＳＮＳ

合同フォレスト
ホームページ

facebook

Instagram

Twitter

YouTube